Les mots de chez nous

étrangers aux "estrangiè"de Provence

Jean-Claude REY

Les mots de chez nous

étrangers aux "estrangiè" de Provence

Temps Contés
Editions AUTRES TEMPS

Ce livre est issu des chroniques éponymes "Les mots de chez nous" diffusées sur l'antenne de Radio France Provence de 1995 à 1997.

Du même auteur

Des histoires du Sud-Luberon , La Mulatière, 1972.
Nouvelles histoires du Sud-Luberon, Credel, 1978.
Histoire de Villelaure, illustré par Raymond Rebuffel, Credel, 1979.
Luberon, le Pays d'Aigues, illustré par Raymond Rebuffel, Credel, 1980 ; Autres Temps, 1994.
Quand les moines cisterciens vivaient encore à Sénanque, Credel, 1982.
L'humour du Luberon, Credel, 1983.
Donnez-vous votre saint quotidien, illustré par Michel Liénard, Credel, 1986.
Faites l'humour et pas la gueule, préface d'Henri Tisot, illustré par Michel Liénard (Prix Rodolphe Bringer), Credel, 1987.
Annuaire culturel du Pays d'Aigues, PNRL, 1988.
Pour l'humour du prochain, préface d'Yvan Audouard, illustré par Michel Liénard, Credel, 1989.
7 récits de Noël à St Sylvestre, illustré par Marc Peyret, Credel, 1991.
L'humour libre en Luberon, illustré par Jean-Louis Laure et André Sandel, Autres Temps, 1992.
La grande peur de la Provence : le tremblement de terre du 11 juin 1909, préface de Haroun Tazieff, Autres Temps, 1993.
Ça s'est passé en Provence, tome 1, préface de Jean Contrucci, Autres Temps, 1994.
Recettes et secrets des fermes-auberges provençales, Autres Temps, 1994.
Le livre de la cigale, illustré par Jean-Louis Laure, Autres Temps, 1995.
Mes fadas préférés, Credel, 1994.
Ça s'est passé en Provence, tome 2, Autres Temps, 1996.
Erotisme et sexualité en Provence, Autres Temps, 1996.

Préface

L'art de la culture souriante

Invité permanent de Radio France Provence, Jean-Claude Rey est devenu incontournable pour la station que j'ai le plaisir et l'honneur de diriger.

Il est le "papet" de toute la jeune équipe qui m'entoure avec le dynamisme professionnel que 150 000 auditeurs savent reconnaître. Mais ce "papet"-là, avec sa malice, son érudition, sa culture provençale et quelquefois sa verdeur de langage, nous apporte plus qu'une simple présence.

Depuis 1991, Jean-Claude est toujours resté fidèle à Radio France Provence pour évoquer son sujet préféré : La Provence.

Sans jamais se prendre au sérieux, les chroniques qu'il signe sur notre antenne, même très différentes par leurs sujets, lèvent toujours un coin de voile sur l'âme provençale.

La série "Les mots de chez nous", que je lui ai confiée, n'échappe pas à cette règle qu'il s'impose sans effort. Elle correspond de plus à une nécessité. En effet, les nouveaux habitants de la Provence sont souvent décontenancés par le parler du pays, car des centaines de mots d'origine provençale, parfois francisés, émaillent les conversations courantes.

Ces mots ont une histoire, une raison d'exister dans la langue régionale usuelle souvent très imagée, légère et souriante.

Pour raconter l'histoire de ces mots, il fallait un conteur et celui du Luberon était tout indiqué.

Le succès de sa chronique nous le prouve tous les jours et ce livre, qui vient à point prolonger ses propos pour nos auditeurs et les autres, est particulièrement bienvenu.

D'ailleurs, cet ouvrage, que j'ai beaucoup écouté avant d'en lire le contenu, est à sa manière un service rendu à la culture du pays provençal et à la mémoire collective.

Je souhaite donc aux lecteurs de dévorer ce livre.

Il est bon comme un authentique produit du pays de Jean-Claude, ce pays qui sait si bien faire chanter les mots...

– "Comme Radio France Provence..." vient de me dire notre conteur en lisant par dessus mon épaule !

Sacré "papet "! Curieux et bavard comme une agasse, *il reste toujours à* l'agachon *! Rien à craindre... ce n'est pas demain qu'il partira en* biberine *!* [1]

Christiane CHADAL
Directrice de Radio France Provence

1 – Pour le sens de ces mots, voir pages 16, 18 et 49.

MOTUS SUR LES MAUX DES MOTS ?

C'est costaud une langue ! Depuis quatre siècles, on enterre le provençal à grand renfort de *requiem*, mais la langue bouge encore !

Elle se *requinque,* même si on la taxe de *marrido lengo.*

Oh, je sais bien que le provençal populaire n'est pas *lou provènçau requist di saberu* (le provençal recherché des savants), mais c'est la langue du quotidien, ce français régional avec ses mots de chez nous. C'est la langue de la rue, des stades et de la maison. Ce n'est pas celle qui s'écrit. Et alors ? Faut-il écrire une langue pour qu'elle ressuscite, ou bien faut-il la parler, même en l'écorchant ?

Parler le français régional en Provence, c'est ajouter un peu de ses origines à chaque phrase, c'est, sans méchanceté, rigoler en douce devant la tête ahurie du nordique de passage lorsqu'on lui dit : “Prenez un *seti*, le temps que je passe l'*escoube* sur les *mallons* qui sont plein de *bordilles* que les *minots* ont *escaraillé* en revenant des *patis*...”

Mais au fond, on ne rigole pas parce qu'on ne se rend même pas compte qu'une telle phrase n'est pas française. Elle nous est naturelle. Et c'est bon signe. C'est même un signe de vitalité pour un pays !

Dans les pages qui suivent, il y a deux cents mots qui eurent bien des maux pour survivre... mais ils bougent toujours malgré tous les *requiem* du monde francophone.

Au fait, *requiem*, ce n'est pas français d'origine... ni *requiescat in pace*.

La langue du berceau ne repose pas en paix, elle s'agite de plus en plus, elle *boulégue* et ce livre le prouve.

Elle a même fait des *pichots* en Amérique avec *Okay* et *Rodéo*, et en Angleterre avec *Flirt*, *Foreign Office* et quelques autres.

Comme dit le chanteur Guy Bonnet depuis vingt ans : *"Sian pas'ncaro mort !"*

Lorsque Christiane Chadal, directrice de Radio France Provence à Aix-en-Provence, me demanda de prévoir des chroniques sur les mots de chez nous pour être diffusées sur les ondes de sa station, j'avoue n'avoir pas trop compris ce qu'elle désirait... Pour m'éclairer, elle ajouta :

"Eh oui, cela signifie quoi l'expression *partir en biberine* ?"

C'était voici deux ans... Et depuis j'ai écouté tout le monde, j'ai relu mes livres de chevet, et j'ai cherché pour vous l'histoire de ces mots...

Me siéu regala bravi gens !
Vous souveti de faire coum'iéu...
Vostre devot,

J.C. Rey
(*que se dis Reii*
e pas Ré coumo
dison li pounchu !)

A... comme : Accoules – Adieu botte – Agachon – Agasse – Agassin – Aigo-boulido – Aioli – A l'an que vèn – Alibofi – Alleluias – Amadou – Anchois – Anguille – Api – Arène – Aucèu

ACCOULES (Fr. Reg.) - Le “e” est sonore, le “s” est muet. ***ANCOULO*** (Prov.) ou ***ACOULO*** (Prov.) - Le “o” final est atone, donc ancoule et acoule.

Voici un mot qui rime avec micocoule, le fruit de micocoulier : accoules... On en connaît fort rarement la signification, même si on l'emploie souvent à propos de l'église des Accoules à Marseille ou de la Montée des Accoules au cœur du vieux quartier du Panier.

Ce quartier, soit dit en passant, tire son nom de l'enseigne d'une auberge qui présentait tout simplement un panier... Et la rue du panier abritait cette auberge aujourd'hui disparue, en laissant son nom à tout le quartier du vieux Marseille.

Quant aux accoules, mot de français régional, c'est l'équivalent marseillais du mot contrefort... ou arc-boutant.

Ce mot provençal à l'origine se prononçait *ancoulo*, et l'Eglise des *Ancoulo*, construite au XIe siècle, avait besoin de contreforts pour assurer la solidité de ses voûtes romanes.

En provençal, le verbe *ancoula* signifie arc-bouter, étayer, sous-entendu un bâtiment qui menace de s'écrouler.

L'église romane du vieux Marseille avait donc besoin d'*ancoulo* ou d'*acoulo*, et ce sont ces contreforts qui lui ont donné son nom.

Ce mot provençal vient du latin *anchora* qui se traduit par ancre. Les *ancoulo* étaient donc des ancres terrestres pour empêcher le bâtiment de bouger.

Quant à l'*ancouleto,* c'est un petit contrefort, un petit soutien, comme par exemple une canne, un tuteur de plante... voire un enfant qui aide un vieillard à marcher.

Lequel peut dire à son bâton de vieillesse : *"Picho, siès l'ancouleto que me tèn dre"*... Petit, tu es le tuteur qui me tient droit...

Soit : "Tu es mon ancre et mon petit arc-boutant...", ce qui est indispensable à un pépé qui grimpe la montée des Accoules... même s'il n'a pas bu de pastis auparavant.

✧✧✧

ADIEU BOTTE (Fr. Rég.) - Prononciation identique au français.
ADIÉU BÒTI (Prov) - Prononciation : adiéou botte.

Note préliminaire : "Adieu botte" s'emploie dans toute la Provence, mais plus particulièrement sur la frange côtière. Cette interjection remplace "Et...merde !" contenant à la fois du dépit et du regret.

La locution *"Adiéu bòti"*, francisée en *adieu botte*, et parfois dite provenir du quartier marseillais *"Encò de botte",* est du pur provençal.

Précisons tout de suite que *encò* signifie "chez" et que le "botte" en question était un nom de famille. Encò de botte veut donc dire : chez Botte.

Quant au *bòti* de la locution *Adiéu Bòti*, il se traduit par but.

Donc si on dit *Adiéu bòti*, cela signifie "Adieu le but", et cette expression pourrait venir… du jeu de boules ou il vaut mieux ne pas rater son but.

Mais il faut signaler également que le mot *bòti* est argotiquement utilisé en provençal pour définir le sexe féminin.

Du coup, la locution *"Adiéu bòti"* prend un autre sens si le but est raté... Il peut l'être par mauvaise stratégie de conquête amoureuse passagère du monsieur qui avait la flèche trop tendue vers sa cible... Il arrive à toutes les flèches de ne pas partir si l'arc n'est pas assez bandé !

Dans ce cas, le coup fait *chi*...

"Faire *chi"* est plus souvent employé dans le tir au fusil lorsqu'une cartouche est de mauvaise qualité... Lorsqu'elle est "trop molle" comme disent les chasseurs...

On peut donc dire *"Adiéu bòti"* à chaque coup raté vers un but quel qu'il soit... Et en particulier vers le *bòti* qui n'a que faire des cartouches molles... Et quand je dis cartouche... c'est bien sûr une image !

✧✧✧

AGACHON (Fr. Rég.) - Prononciation française.
AGACHOUN (Prov.) - Prononciation identique à la lecture avec finale nasale.

Note préliminaire : ce mot généralement employé sous la forme "être à l'agachon" (car on se met toujours à l'agachon pour y être) est utilisé pour

toutes les actions d'épiage et guettage, aussi bien chasse que jeu de cartes ou séduction.

Le mot *agachon* est très utilisé par les Provençaux, mais très mal compris par les néo-Provençaux qui confondent agachon et aguicher.

Le mot *agachon* vient du *agachoun* provençal dans la locution conservée *"èstre à l'agachoun"* c'est-à-dire être à l'affût. C'est une locution de chasseurs qui vont *"à l'espèro"*.

Ce mot a pour racine le verbe *agacha* signifiant regarder, voir, et a donné en gallo-romain *agachar* et en italien *aguatare,* lequel a donné au français le verbe guetter et tous ses dérivés.

Un *agachoun* est à proprement parler un lieu d'où l'on épie, comme une échauguette de château fort. C'est une cabane de chasse, mais ne sous-entendant pas quelque chose de bâti comme un pavillon en maçonnerie. L'*agachoun* est toujours provisoire. C'est un camouflage de circonstance, une cachette pour chasseur, la "cabanne".

Mais un *agachoun* est aussi une cachette pour un gibier, un oiseau ou, en général, un faible face à un fort. Comme d'ailleurs le dit bien le proverbe : *"Fau resta dins l'agachoun car lou grand, de tout tèms, a manja lou pichoun"* (Il faut rester dans sa cachette face à un fort car de tous temps le grand a mangé le petit).

Pour parler populairement, un *agachoun* c'est une "planque", et c'est cette "planque" qui a donné "planqué", d'où le mot argotique "gâche" dans la locution "je me suis trouvé une bonne gâche", sous-entendu un coin tranquille ou un travail peu fatiguant.

Ainsi donc, de la cachette-affût du chasseur pour épier le gibier, l'*agachoun* a dérivé vers la gâche qui dissimule le planqué.

Ici, la gâche n'a aucun rapport avec le verbe gâcher, comme gâcher du mortier, mais plutôt avec le verbe cacher qui vient du latin *coactare* signifiant au figuré dissimuler.

Mais peu vous importe peut-être, tant que vous pourrez rester à l'*agachoun*, coume un *agachaire* (épieur), pour agacher les filles...

✧✧✧

AGASSE (Fr. Rég.) - ***AGASSO*** (Prov.)
Prononciation identique, le "o" provençal étant atone.

On ne connaît pas la pie en Provence. Ici c'est l'*agasso*, mot prononcé *agazia* par les Latins et *aggazo* par les Hébreux, ce qui démontre sa pérennité depuis plus de trente siècles.

Malgré sa taille, l'*agasso* est un passereau noir et blanc aux reflets séduisants et d'une intelligence redoutable... au point qu'on peut lui apprendre à parler, ou à voler tout ce qui brille dans les maisons où elle joue les cambrioleuses...

Commune dans le monde entier, l'*agasse* a forcément donné bien des locutions et proverbes, et en particulier en Provence.

Lou mourtié d'agasso, le mortier d'agasse est bien connu... C'est du mortier sevré de ciment, du mortier peu solide, comme celui dont les agasses font leurs nids. *Voulur coum'uno agasso* (Voleur comme une pie)... *A Sant Valentin, l'agasso mounto au pin* (Le 14 février, la pie commence à construire son nid) *Li parpello d'agasso* (Les paupières de pie)... C'est-à-dire des vétilles... peu de chose.

On étudie souvent la façon dont l'agasse construit son nid. Si elle est en haut de l'arbre, l'année sera peu venteuse. Si elle est en bas c'est le contraire. Dans ce nid, l'agasse pond des œufs vers Pâques, début avril, et les *agassoun*, les petits, naissent pour l'Ascension. Ces petits d'agasses firent le régal de bien des paysans qui allaient gâter les nids pour voler les *agassoun*, sachant qu'ils protégaient leurs récoltes de la voracité des pies en mangeant ces oiseaux nuisibles.

L'*agassoun* provençal a son équivalent français en piat. Un piat est un bébé de pie ! Mais comme l'*agassoun*, le piat remue du cul sans cesse... C'est proverbial en Provence où une personne qui bouge des fesses est réputée *"tremoula coume lou cuou d'un agassoun"*.

Alors... surveillez votre démarche pour ne pas faire jacasser... les pies !

✧✧✧

AGASSIN (Fr. Rég.) - Prononciation avec dernière syllabe comme lapin.

AGACIN (Prov.) - Prononciation avec dernière syllabe

nasale plus aiguë que hein.

Voici un mot qui n'est pas le pied comme on dit aujourd'hui, car il s'agit du mot *agacin*.

Agacin est rarement employé en français régional de façon isolée. Il est utilisé dans diverses phrases de la conversation courante :

– “Oh fan, mes *agassins* me font passer le martyr...”, ou bien : “lève ton pied que tu m'*esquiches* les *agassins*”... Voire : “tu es aussi enquiquinant qu'un *agassin*...”

Dans tous ces cas de figure, un *agassin* est un cor au pied...

Il s'agit de ce qui se nomme en français correct, un œil-de-perdrix, un cor ou encore un durillon.

L'*agassin* agace et fait souffrir et *fau tout faire pèr lou derraba* (il faut tout faire pour l'extirper).

Le podologue est là pour ça...

Dans le temps, les vieux Provençaux utilisaient l'*erbo d'agacin* en compresses pour réduire les cors. C'était la joubarbe.

Il existait un autre remède un peu magique, celui de la *peiro d'agacin*, qui appliquée sur le cor, était sensée le réduire.

On trouvait cette pierre minuscule dans l'estomac des limaces uniquement, pas dans celui des escargots...

Généralement, la limace d'où était extraite la *peiro d'agacin* était ensuite avalée crue et baveuse... ce qui était considéré comme un excellent remède contre la bronchite. D'ailleurs, le sirop de limace resta très longtemps dans la pharmacie des familles provençales.

Quant à la *peiro d'agacin sabi pas se fasié de bèn* (Je ne sais pas si elle faisait du bien)... et soulageait les durillons et autres cors au pied, mais ce dont je suis sûr, c'est qu'avec de pareils remèdes utilisés de nos jours, le trou de la Sécu serait vite comblé !

✧✧✧

AIGO-BOULIDO (Fr. Rég.) - ***AIGO-BOUIDO*** (Prov.)
Prononciation identique au provençal : aïgue-boulide, aïgue-bouide.

Les Provençaux utilisent généralement après un repas trop lourd l'*aigo-boulido* ou *aigo-bouido...* c'est-à-dire l'eau bouillie.

A première vue, l'eau bouillie donne une soupe assez claire, et c'est de cette soupe d'eau bouillie qu'on parle après avoir baffré comme quatre, en disant la plupart du temps : “J'ai trop mangé, mais ce soir, je ferai une *aigo-bouido...*”

Cela signifie que le gros mangeur envisage de nettoyer son système digestif avec un remède souverain, l'infusion de sauge à l'ail... Rien de plus simple à préparer même si on n'est pas Provençal de souche. Dans un litre d'eau froide, jeter quatre gousses d'ail épluchées et quelques belles feuilles de sauge. Faire bouillir et servez chaud sur des tartines de pain grillé frottées d'ail et arrosées d’une cuillère à soupe ou deux d'huile d'olive de qualité.

C'est idéal pour faire digérer, quelques heures après un

repas plantureux.

Certains préférent utiliser la sauge en simple infusion, sans ail ni huile, ni pain grillé, mais avec du sucre... L'effet n'est pas le même. D'autres ne jurent que par la liqueur de sauge qui a la particularité de n'avoir qu'un soupçon de sucre et d'être fabriquée avec de l'eau de vie à 70 degrés, dans laquelle on fait macérer des fleurs de sauge pendant 40 jours au minimum dans un placard sombre, mais on peut aller jusqu'à plusieurs mois de macération.

Dans tous les cas, c'est la sauge, la *sàuvi* en provençal, qui fait de l'effet sur la santé. Comme dit le proverbe : *la sàuvi me sauvè...* La sauge me sauva... Et encore : *"Qu a de sàuvi dins soun jardin a ges besoun de medecin"* (Qui a de la sauge dans son jardin n'a pas besoin de médecin). Quant au mot lui-même, sauge, il vient du provençal *sàuvi* qui le tire du latin *salvia*, même racine que salvateur ou sauveur... Ils n'étaient pas si fous que ça, ces Romains !

✧✧✧

AIÒLI (Fr. Rég.) - Prononciation : toutes les lettres sont articulées.
AIÒLI ou ***AIET*** (Prov.) - Pour aiet on dit aïé et pour aiòli : aïoli.

Aiòli est adopté par la langue française depuis longtemps, sauf par ceux qui préfèrent dire mayonnaise à l'ail au lieu d'*aiòli* ou ailloli.

Ce mot provençal par excellence est composé de deux mots, *Aï* et *Òli*. L'ail, vieux remède écologique avant d'être un condiment, est marié à l'*òli* (l'huile d'olive)... faut-il le préciser, un autre vieux remède en une pommade faite au pilon dans un mortier.

Ainsi donc, l'*aiòli* est souverain pour la santé puisque il utilise l'ail et l'olive, à nouveau recommandés par la médecine depuis que sont retrouvées les vertus des plantes dans la vague post-babacoulienne des années 1970...

Dans les temps de froidure, l'*aiòli* réchauffe l'âme et le cœur des hommes et fait dormir du sommeil de l'innocence. Mais il faut beaucoup d'ail... Chez nous, une demi-tête d'ail par personne paraît très raisonnable.

L'*aiòli* est un plat d'autant plus sain qu'il n'est composé que de produits naturels, et c'est en plus très économique.

On peut se passer de porc. Celui-ci n'est entré dans les accompagnements de l'*aiòli* qu'en 1905. Il fut mis en honneur par les “rouges” pour faire *bisquer* les “blancs” lors de la séparation de l'Eglise et de l'Etat. Cette séparation politique impliqua une séparation des familles, des associations, et donc des banquets traditionnels.

D'inspiration religieuse par son caractère de plat maigre, l'*aiòli* devint républicain par adjonction du rôti de porc gras...

Mistral disait qu'au suffrage universel tous les bons Provençaux voteraient pour l’huile et feraient l'*aiòli* :

“Nautre li bon Prouvènçau, au sufrage universan, votaren pèr l’òli e faren l’aiòli”.

✧✧✧

A L'AN QUE VÈN (Provençal et Français Régional) - Prononciation : a l'an qué vin.
A L'AN QUI VIENT (Français).

Voici une expression typiquement provençale, mais comprise de tous. *A l'an que vèn* (à l'année qui vient)... Et les Provençaux ajoutent toujours : *se sian pas mai, fuguen pas mens*. (Si nous ne sommes pas davantage, que nous ne soyons pas moins). C'est une forme de vœu pour la santé de chacun, au changement d'année, le soir du 24 décembre lors du rituel du *cacho-fiò* pendant le gros souper.

A l'époque où l'année civile débutait à zéro heure le 25 décembre, il convenait de former des vœux autour du changement de millésime. On disait souvent : *que l'an que vèn siegu'un brave ome* (Que l'an qui arrive soit un bon homme).

Puis aussi : *vous souvetan la bono annado accoumpagnado de forço autro, de tant que lou boun Diéu voudra* (Nous vous souhaitons la bonne année, accompagnée de beaucoup d'autres, autant que le bon Dieu voudra).

Et on répondait généralement : *Gramaci, mai chasque an nous cargo d'un' annado...* (Merci, mais chaque jour de l'an nous charge d'une année)… ce qui était assez évident... Comme la réflexion pessimiste entendue parfois : *Gramaci, mai l'an que vèn, lis ase pourtaran toujour li cargo*. C'est-à-dire : Merci, mais l'an prochain les ânes continueront à porter des charges. Ce qui s'entend par :

plus les années changent, plus c'est la même chose...

Quoi qu'il en soit, au matin du premier janvier nous passons *lou cap d'an*... la tête de l'année... et selon le proverbe : *pèr l'an nòu li jour creisson d'un pas de biòu* (Pour le jour de l'an les jours grandissent d'un pas de bœuf), ce qui est tout de même mieux que le saut de puce de la sainte Luce (13 décembre) !

✧✧✧

ALIBOFI (Fr. Rég.) - Prononciation : Alibòfi.
ALIBÒFI (Prov.) - même prononciation.
TESTICULES (Français).

Voici un sujet tout à fait sérieux puisqu'il s'agit de botanique, avec l'arbre vulgairement nommé aliboufier et plus scientifiquement styrax.

L'aliboufier pousse en Provence, comme dans d'autres pays, notamment en Orient et aux Indes.

Même si Mistral le cite dans Calendal, on ne sait guère le reconnaître. Et pourtant, cet arbre qui produit le benjoin par incision de son écorce, est davantage connu pour ses fruits de forme sphérique.

Il est courant en Provence d'entendre dire lorsqu'il fait froid :

-*"Vuei, se jalan lis alibòfi"*...

Ce qui signifie en français correct : "Aujourd'hui on se gèle les testicules".

Il s'agit ici d'une image très forte qui est simplement formée à partir de l'apparence du fruit de l'aliboufier... et non sur son suc blanchâtre qui change de couleur au contact de l'air.

Il n'existe d'ailleurs aucun témoignage sur un froid si rude qui aurait gelé au propre et au figuré la liqueur d'*alibòfi*...

Les chroniques en auraient gardé mémoire... En revanche, il est certain qu'on a connu beaucoup d'*amandons* gelés en 1956, sans parler des olives, olivettes, olivasses et même de celles qu'on appelle des dates... Ce qui a donné la locution *"manda un'dati"* (envoyer une date), ce qui est aussi joli qu'envoyer sa pistache, mais beaucoup moins exotique... quoique aussi *pistachié* comme on dit en Provence.

✧✧✧

ALLELUIAS (être dans les).

Bien que de moins en moins employée, l'expression "Etre dans les *alleluias*" signifie en français régional "Etre dans la lune" à peu de chose près, puisque la lune est dans le ciel et que le ciel abrite Dieu !

Le mot *alleluia* signifie "loué soit le Seigneur" dans son sens initial, mais en langage populaire sa dérive fut provoquée par l'excessive ferveur de certaines personnes qui louaient le Seigneur en toutes circonstances et pour des raisons pas forcément importantes. Comme par exemple :

– "Les melons ne tombent pas des arbres... *Alleluia*"

– "Il fait soleil... *Alleluia*"

Puis le mot a défini de belles paroles sans effet et a glissé vers le sens de parler avec ambages au lieu de sans ambages.

"Dire des *alleluias*" était une façon de parler en prenant des délais, en remettant à plus tard...

L'évolution de la locution *"estre dins lis alleluia"* est donc logique.

On loue le Seigneur du ciel. Dans le ciel il y a la lune, les nuages. Par suite la signification moderne ne peut être que : "Etre dans les nuages" ou "dans la lune".

✧✧✧

AMADOU (Fr. Rég.) - ***AMADOU*** (Prov.) - AMADOU (Français) : même prononciation dans les trois langues.

Voici un mot qui nous *fuguè rauba pèr la lengo de France...* Oui un mot qui nous fut enlevé par la langue française. Un mot de pur provençal : amadou.

L'amadou est une fibre très inflammable une fois séchée. Elle provient de l'amadouvier, champignon (donc *berigoulo*) qui parasite certains arbres.

Ce mot provençal, naturalisé français, n'a plus que le sens connu dans deux locutions : "s'enflammer comme l'amadou" et "un cœur d'amadou" qui, donc, s'enflamme facilement.

L'amadou français a finalement gardé le sens provençal car un *amadou* provençal est un amant, un amateur. Celui qui aime, qui reçoit et donne à l'autre, en osmose, comme l'arbre et l'amadouvier...

On peut dire aussi *amaire*. *Amadou* comme *amaire* viennent du latin *amator* qui nous a donné amateur en français.

Tous les peuples du Sud comprennent ce mot écrit avec des variantes, comme Amadour dans le sud-ouest français. On connaît Rocamadour. Le roc de Saint-Amadour, lequel était le légendaire Zachée de l'Evangile qui fut l'apôtre de l'Aquitaine.

La fibre d'*amadou* servait de combustible pour l'étincelle du silex. Il ne faut donc pas une grande chaleur pour l'enflammer. Jusqu'à l'invention des briquets modernes, tous les briquets avaient une mèche d'amadou. Et lorsqu'on “battait le briquet”, c'est qu'on frappait son silex pour en faire jaillir l'étincelle. Sur l'*amadou* du champignon *amadouvier*.

Il est donc très normal de comparer métaphoriquement l'amour et l'*amadou*... D'autant plus que la métaphore ne s'arrête pas là puisqu'en provençal populaire *uno berigoulo*, un champignon, est aussi un phallus !

La croissance ultra-rapide du champignon est ici évoquée et comparée à la tumescence masculine provoquée par un élan amoureux. Elan qui s'inscrit dans la logique de l'inflammabilité de l'amadou...

✧✧✧

ANCHOIS (Fr. Régional et Français)
ANCHOIO (Prov.) - Prononciation : anchoyo (le “o” final est atone).

Si je dis : *“Vous vau touca li cinq anchoio”*, c'est que je vais vous serrer la main.

Les cinq doigts étant les cinq anchois dans le langage populaire.

Anchoio, vrai mot provençal francisé depuis des siècles, est d'origine latine. On retrouve, à peu de choses près, ce mot dans toutes les langues de la Méditerranée, et même en Angleterre où l'anchois provençal porte le nom d'*anchovy*.

A propos de ce petit poisson, on se souviendra des fameux anchois des tropiques évoqués dans *Le Schpountz*, film de Marcel Pagnol. C'était au temps ou les barils d'anchois trônaient dans les épiceries. Les boîtes de conserve étaient inconnues et il arrivait que *lis anchoio sènton lou bos* (sentent le bois).

Mais l'expression la plus connue en Provence reste *“esquicha coume d’anchoio”*, en référence imagée aux anchois contenus dans les barils... qui étaient *esquichés*, donc compressés.

Autre locution toujours pratiquée : *tasta l'anchoio*, qui signifie recevoir une raclée ou des gifles puisque les doigts d'une main sont les *anchoio* (et non les sardines comme en français). La trace d’un coup de lanière (fouet, martinet) est aussi *uno anchoio* !

Il ne faut pas confondre *tasta l'anchoio* avec *quicha l'anchoio,* gourmandise qui consiste à écraser un anchois sur du pain frais et croustillant... C'était un plat courant chez les pauvres gens de Provence, au point même que les marins de l'océan surnommaient les pêcheurs de la Méditerranée *" li tast' anchoio"*... ou *"toco l'anchoio"*.

Ils ajoutaient même que dans les pauvres cabanes des pêcheurs provençaux, un unique anchois était suspendu au centre de la pièce et que tous les membres de la famille, chacun à son tour, frottaient un peu de pain sur l'anchois pour se nourrir !

Quant à l'*anchouiado* - et pas l'anchoiade - c'est une invention provençale dont je ne donnerai pas la recette... Il y en a des dizaines et cela pourrait déclencher une guerre civile entre amateurs !

✧✧✧

ANGUILLE (Fr. Rég. et National)
ANGUIELO (Prov.) - Prononciation : anguiéle.

Voici un mot d'autant plus expressif qu'il a plus de vingt siècles d'âge...

Une anguille est un poisson à chair délicate, de la même famille que le congre (ou anguille de mer). Mais on ne dira jamais faire le congre pour faire l'anguille... Trop de confusions sont possibles. Le mot latin *anguilla* signifie petit serpent... et lorsqu'on fait l'anguille en marchant, c'est qu'on *anguielo*... On ne dira jamais "museau d'anguille" en français, mais on dit *mourre d'anguielo* en provençal pour un visage pointu. La métaphore est claire, autant que *coupa l'anguielo au geinoui* (couper l'anguille au genou)... Chose impossible à faire.

Il n'y a que la langue provençale pour inventer l'injure *"marchant de pèu d'anguielo"*(marchand de peau d'anguille), qui signifie de façon méprisante que l'individu ainsi qualifié est un hâbleur, un escroc, un vendeur de vent. La peau d'anguille ne se consomme pas et reste un des rares produits à n'avoir aucune valeur, même s'il s'agit d'une peau d'*anguielasso*, énorme anguille, ou de celle d'un *anguieloun*, petite anguille.

Le physique de l'anguille, avant qu'elle ne devienne matelote, a toujours donné des images fortes car l'anguille est visqueuse, elle nous échappe si on la serre trop. *Fau pas sarra l'anguielo*, dit-on en Provence... ce qui signifie qu'il ne faut jamais écraser totalement un adversaire retors qui vous doit quelque chose. Il faut lui laisser une chance de se libérer. Mais la même locution dit aussi le contraire s'il s'agit de pêche, car c'est en ne serrant pas qu'on capture l'anguille à la main. Enfin la locution *"sarra l'anguielo"* signifie saisir sa chance, car celle-ci fuit comme l'anguille !

On dit aussi d'une femme svelte *"es uno vertadiero anguielo"*(C'est une véritable anguille)... mais cela signifie seulement qu'elle n'a pas de formes et qu'elle est souple. C'est-à-dire exactement le contraire de l'*anguielo de calçoun* (L'anguille de caleçon).

Cette métaphore ne demandant pas d'explication, peut cependant se développer...

✧✧✧

ÀPI (Fr. Rég.) - Toutes les lettres se prononcent.
CELERI (Français).

Note préliminaire : En Provence, le céleri se nomme l'àpi et le céleri-rave : rabo.

Ces deux légumes n'ont pas la même utilisation culinaire : l'*àpi* en verdure ou cuit pour agrémenter un bouillon ou une soupe par son parfum. La rave est toujours râpée crue et se mange en salade ou bien désodorisée, transformée en fruit confit.

Le français “céleri” est pratiquement inutilisé par les Provençaux qui lui préfèrent le mot *àpi*.

L'*àpi* est donc le céleri et particulièrement en branche. C'est un légume spécifique à l'hiver en général et à la période de Noël en particulier. Pour le gros souper du soir du 24 décembre, l'*àpi* consommé cru accompagné d'une *anchouiado* est de rigueur.

Les Romains faisaient grande consommation d'*àpi* qui poussait naturellement dans les marécages et n'était pas cultivé. Ils attribuaient à l'*àpi* non seulement des pouvoirs aphrodisiaques mais en faisaient aussi le symbole de la jeunesse triomphante.

L'*àpi* décorait les nappes des tables de banquets avec les lys et les roses chez les patriciens de Rome, et ornait la tête des poètes en couronnes pour peu qu'ils se distinguassent dans les concours lyriques. Quant aux Egyptiens, ils estimaient qu'une momie préparée pour l'éternité ne pouvait être ensevelie sans une couronne d'*àpi*.

En France, l'*àpi* n'est devenu céleri qu'à l'époque de la Renaissance, en suivant la mode italianisante qui importa le mot céleri de Lombardie, et c'est seulement en 1664 que le céleri fut cultivé au Jardin des Plantes royal de Paris. Il devint alors un légume pour les Français après avoir été simplement utilisé comme herbe médicinale. Quant aux Provençaux, ils en consomment depuis plus de vingt siècles et, comme les Romains, donnaient toutes les vertus du monde à l'*àpi* dont le nom signifie littéralement “Herbe aux abeilles”. Elles adorent le butiner avant de retourner dans leur *apié*... Un *apié* étant un rucher... et dans un rucher il y a des dards, ce qui relie les petits dards de Cupidon à l'*àpi* ! D'où la réputation aphrodisiaque du céleri...

✧✧✧

ARÈNE (Fr. Rég. et National)
ARENO (Prov.) - Prononciation : aréne.

Ce vieux mot provençal vient du latin *arena* qui signifie sable tout simplement. C'est donc tout ce qu'il y a de plus régional car une arène n'est pas un amphithéâtre. C'est simplement le cœur du bâtiment, la piste ovale ou ronde sur laquelle se pratiquent les courses de taureaux aujourd'hui et où les gladiateurs combattaient dans l'Antiquité.

L'amphithéâtre est le bâtiment rond ou ovale qui entoure l'arène.

En provençal, un *arenas* est un endroit plein de sable,

comme l'était le quartier de l'*arenas* à Nice près de l'aéroport.

Le sable fin c'est de l'*areneto*, et un *arenié* est un terrain sablonneux... comme la plage de l'*arenié* à Marseille.

Une *arenièro* est une carrière de sable et tout ce qui est *arenous* est sablonneux.

Donc lorsqu'on parle des arènes on devrait parler de l'arène.

Dire les arènes est un provençalisme construit en français sur le nom populaire de l'amphithéâtre tellement grand et impressionnant que les vieux Provençaux en voyaient plusieurs.

Les Romains construisaient solide et ce n'est pas pour rien qu'au lieu de dire "vieux comme le monde" on dit *"vièi coumo lis areno"* à Nîmes ou Arles.

Et, selon les puristes, lorsqu'on parle des arènes à propos de l'ensemble monumental, cela signifie qu'on dit "les sables"...

Ce serait donc le plus beau château de sable jamais construit !

Le mot provençal *areno* fut celui du quartier populaire d'Arenc à Marseille. Ce lieu aride et sablonneux était une plage. Toutes les arènes, au sens ancien, sont donc des plages... sauf celle qui forme la piste de l'amphithéâtre où viennent se faire sacrifier les taureaux qu'on dit parfois plus heureux qu'un roi puisque les taureaux entrent tout entier dans l'arène !

✧✧✧

AUCÈU (Fr. Rég.) - Prononciation : oousseòu.
AUCÈU (Prov.)
OISEAU (Français)

Note préliminaire : Toutes les locutions françaises formées avec le mot oiseau : drôle d'oiseau, bel oiseau, oiseau de malheur, existent aussi en provençal et en français régional... et il y en a même davantage, ne serait-ce que "l'oiseau de pantalon" !

L'oiseau en général, l'emplumé, c'est l'*aucellus* diminutif populaire du *avis* latin qui nous a donné avicole et aviculture.

Sur l'*aucellus*, le provençal a formé des dizaines de mots comme *aucela*, oiseler, faire métier d'oiseleur. Et les migrateurs, *pèr Toussant, en vira lou cuou à l'aucelaire*, ont montré leur croupion dès Toussaint à l'oiseleur voulant les capturer.

L'*aucelarié* est une oisellerie, l'*aucelas* un gros oiseau, l'*auceloun* un petit, l'*aucelet* un oiseau à peine sorti de l'œuf, l'*aucelié* est un oiselier, un marchand d'oiseau, une *aucelino* n'importe quel volatile à plume, donc pas la chauve-souris qui est la *rate penado*, la souris ailée (du latin *pennata*).

Uno aucello est n'importe quel oiseau femelle et si ce mot est appliqué à une femme, c'est méprisant car il signifie que cette femme est légère et évaporée.

L'aucèu de gàbi est un oiseau apprivoisé qui est

en cage.

L'aucèu de l'èr est celui qui est libre.

Quant à *l'aucèu de Sant Lu*, l'oiseau de Saint-Luc, c'est le bœuf, ou le bovin en général, par dérision en s'appliquant à une personne lourdaude. *Siès lest coumo l'aucèu de Sant Lu* (tu es aussi agile qu'un bœuf). Le taureau étant l'animal attribué à l'évangéliste Luc.

Mais les Provençaux ne disent jamais à vol d'oiseau pour ligne droite. Ils disent : *en drechiero* (en droite ligne), car ils savent que les oiseaux ne volent que très rarement en ligne droite... pour les avoir observés avant de dire des bêtises !

L'*aucèu* est aussi le fameux petit oiseau qui trouve son nid douillet et sert de métaphore à toute relation approfondie, si j'ose dire, entre homme et femme. *Acò es l'aucèu de braio !*

Quant à l'*aucèu de la Canebiero*, c'était déjà au XIXe siècle *aquéu que cren pas lou brut*... celui qui ne craint pas le bruit.

✧✧✧✧✧✧✧✧✧✧✧✧✧✧✧✧✧✧✧✧✧✧✧✧✧✧

B... comme : – Bader la figue – Bagasse – Bail – Barigoule – Barjacaire – Barruler – Bédigas – Belori – Biberine – Boche – Bomber – Bordille – Bouffigue – Bougre – Bouillabaisse – Boumian – Braille – Brandade

BADER LA FIGUE (Fr. Rég.)
BADA LA FIGO (Prov.) - Prononciation : Le "o" de figo est atone.

Note préliminaire : La locution "bader la figue" n'existe pas en pays d'oïl, parce que les figuiers ne poussent pas chez les eskimos ! Elle est spécifique aux pays d'oc. Ailleurs on "bade la dragée"...

La locution "bader la figue" utilisée en français régional est la traduction littéraire de la langue provençale. Elle est formée du mot *figo*, le fruit du figuier, et du verbe *bada* qui vient du latin *patere*, et même du sanscrit *bad* selon Frédéric Mistral.

Bada a donné bader, verbe que d'aucuns imaginent bien français via les fameux badauds parisiens. Mais être badaud français, c'est aussi être *badaire* (et aussi *badau*) provençal... C'est être bouche bée... C'est gober les mouches en ouvrant inconsciemment la bouche, la garder béante par admiration ou surprise.

D'innombrables choses peuvent aussi *bader* en Provence, depuis les semelles de chaussures jusqu'aux portes ouvertes, en passant bien évidemment par la bouche... et cette bouche peut entre autres choses *bader* la figue...

Cette expression vient d'un jeu de carnaval qui était destiné aux enfants. Ceux-là, bouches ouvertes, et sans s'aider des mains, devaient gober une figue sèche, suspendue à un fil, lui-même attaché à un bâton tenu par le maître du jeu. Les vainqueurs des *badaires* obtenaient des dragées en récompense. Ce qui explique qu'on dit aussi *bada la dragèio* et a donné en français "tenir la dragée haute" pour toute difficulté provoquée par un tiers... en l'occurrence le maître du jeu de la figue.

Tous les *badaire* ou *badau de figo*, *badavon coume uno mióugrano maduro* (ils badaient comme une grenade mûre), *Badavon coum'un limbert* (comme un lézard), *coum'un que vèi uno pichoto bello que noun sai* (comme un qui voit une petite belle que je te dis pas).

Il est évident que la connotation entre la *figo* et la *badado*, la bouche béante, a donné quelques images métaphoriques poivrées et salées... et qu'un *badaire de figo* moderne n'a peut-être aucune notion de l'historique de la locution, même s'il est figophile.

✧✧✧

BAGASSE (Fr. Rég.) - Prononciation identique, "o" atone.
BAGASSO (Prov.)

Note préliminaire : Ce mot des siècles passés fut juron puis interjection. On le trouve écrit essentiellement dans des textes rédigés par des auteurs français ou francisés voulant pimenter leurs histoires par des mots méridionaux.

Voici un mot de "provençal" qui a perdu la faveur des foules. *Bagasse* n'est plus guère employé, mais on l'entend parfois, et en tout cas, il est partie prenante d'une abondante littérature peu flatteuse pour les Provençaux.

Ô *Bagasso* ! Cela signifiait morbleu, peste, diantre, ou bien foutre...

A savoir, un langage assez ancien qu'on remplace par "zut" lorsqu'on parle de façon châtiée, et par "putain" dans le langage courant.

Etymologiquement, *bagasso* vient du grec et se retrouve dans toutes les langues méditerranéennes. Il signifie femme de mauvaise vie, avec un sens injurieux. Ô *bagasse* est donc logiquement devenu "Ô putain !"

Ce mot très fort sert désormais de ponctuation pour bien des conversations, comme on peut en juger sans trop se forcer à tendre l'oreille.

Mais on ignore généralement qu'une *bagass*o possède un masculin *bagas* qui se traduit par garçon grivois et cavaleur.

Le troubadour Cadenet, au XIIIe siècle, faisait déjà sa publicité auprès des jolies dames en se définissant comme un *bagas* infatigable. Eh oui... *"Qu'pinto vende"* comme disent les Italiens.

✧✧✧

BAIL (Fr. Régional et National)
BAI (Provençal) - Prononciation identique.

Un bail, des baux... Voici un mot qui semble bien venir du latin gallo-romain, et sa prononciation est identique en français et en provençal. Mais dans cette langue point n'est besoin de "l" pour donner le son "Aïe", et bail s'écrit simplement *bai*.

A l'origine, ce mot signifie donner. Un bailleur et un preneur sont indispensables pour qu'un accord puisse devenir bail.

Le bailleur donne au preneur en échange d'une rente ou d'un service. Le bail rural est un bon exemple. Il est à date fixe.

Le 14 février, pour les pâturages... Après cette date, on ne doit plus faire paître sur champ afin que le foin puisse repousser.

Le 11 novembre, pour les baux concernant les vignobles, car à Saint-Martin le vin est terminé et on peut régler les comptes.

Le 29 septembre, pour la Saint-Michel, en ce qui concerne les terres de labour qui sont la généralité. A cette date, toutes les récoltes sont achevées. C'est le temps des comptes et des prochains labours.

La Saint-Michel est une date tellement entrée dans les mœurs qu'on dit *"faire Sant Miquèu"* en Provence pour évoquer un déménagement, même à une autre date que le 29 septembre.

C'est cette référence qui a provoqué durant deux siècles la rentrée scolaire le 1er octobre car il s'agissait du souvenir de l'époque où les instituteurs louaient leurs services à bail avec leurs employeurs. Le bail se concluait le 29 septembre. L'instituteur s'installait le 30, et le lendemain 1er octobre commençait l'année scolaire, uniquement entrecoupée par les fêtes religieuses ou usuelles jusqu'aux grandes vacances du 13 juillet au soir !

Le *"bai"* provençal a un homonyme désignant la couleur brune d'un cheval à la crinière et la queue noire, mais en général, pour éviter la confusion avec le bail locatif, ce *"bai"*-là se dit *baiard*, ce qui explique le nom du cheval des quatre frères Aymon... et peut-être celui du chevalier Bayard.

✧✧✧

BERIGOULE ou **BARIGOULE** (Fr. Rég.)
BARIGOULO ou ***BERIGOULO*** (Prov.)
Prononciation de toutes les lettres, sauf le "o" final en provençal.

Note préliminaire : Tout ce qui suit est particulièrement destiné aux amateurs de cuisine qui, je l'espère, n'ont pas encore créé la recette redondante des "champignons bérigoulo" !

Très utilisé et parfaitement méconnu dans sa signification, ce mot est lié à l'artichaut dans "artichauts à la barigoule, ou à la bérigoule..."

Sans exagérer, je crois que des millions de personnes suivent religieusement les recettes culinaires, soigneusement compilées d'un livre sur l'autre, par des auteurs qui ont toujours fait semblant de ne pas comprendre le sens du mot *barigoulo* ou *berigoule*.

Ce mot provençal signifie champignon. Et pour ces auteurs, les artichauts doivent donc être préparés avec des champignons.

Je connais même un esthète culinaire qui a eu le culot d'expliquer qu'il fallait sculpter les cœurs d'artichaut en forme de champignon !

On peut le faire bien sûr, comme on peut cuisiner des artichauts avec une sauce aux champignons... mais dans ce cas, les artichauts sont aux *berigoulo* et non pas à la berigoule !

La nuance est d'autant plus importante, linguistiquement parlant, qu'on doit cuisiner les artichauts à la *berigoulo* sans champignons ! Frédéric Mistral le précise dans le *Trésor du Félibrige*, mais la cuisine embourgeoisée ne pouvait se contenter d'un plat aussi rustique !

C'est-à-dire qu'on cuit les artichauts à la façon des champignons, et non pas avec les champignons.

La recette des artichauts à la *berigoulo* est d'une simplicité qui n'est pas digne des livres de recettes. Il s'agit tout simplement d'artichauts coupés en deux en longueur, dégarnis de leurs feuilles dures et de leur foin. On les fait cuire à la braise sur un gril, après les avoir arrosés d'huile d'olive... Et c'est tout. C'est la même technique qui est utilisée pour les champignons frais, et notamment pour les pinins charnus et sanguins.

Sur les artichauts grillés, un coup devant, un coup derrière, on peut mettre du sel, du poivre, de l'ail et même de la *farigoulo*, celle-ci étant le thym, mais n'ayant aucun rapport avec la *barigoulo*...

✧✧✧

BARJACAIRE ou **BASARETTE** (Fr. Rég.)
BARJACAIRE (Prov.) BAZARETTE (Fr.)
Prononciation identique dans les deux langues : barjacaï-ré, bazarète.

Voici deux mots très précis géographiquement dans le français régional provençal.

Barjaquer et *bazaretter* sont des verbes francisés. Leurs sens sont identiques. Ils signifient parler, dans le sens de bavarder, sans raison précise.

On utilise *barjaquer* dans l'intérieur des terres. En provençal, le mot *barjacaire* définit précisément celui qui bavarde ou jacasse. Un *barjacas* est forcément un grand *barjacaire* et une *barjadisso*, un long bavardage.

Un *barjau* est un babilleur et un *barjeiras* un vilain bavard qui dit quelques méchancetés.

Tous ces mots viennent de *barjo*. Une *barjo* est une mâchoire et, par extension, ce qu'elle contient et son environnement. *Te vau faire peta la barjo*. (je vais te casser la gueule), *Marrido barjo* (mauvaise langue), *Laido barjo* (mauvaise mine).

Etre traité de *barjacaire* est aussi flatteur que de l'être comme *basarette* qui *basaruto ses basarutàgi*. Ce mot provençal est d'origine arabe, comme sa racine *basar*, et s'écrit avec un “s” au lieu d'un “z” selon la graphie moderne. Un *basar* est un marché, on y parle beaucoup, on y fait du bruit, du vacarme... D'où les expressions modernes, sacré bazar, putain de bazar, un bazar du diable, c'est à bazarder, c'est-à-dire à vendre à bas prix, sans trop marchander.

Un *basar* est un lieu de rencontre ou l'on bavarde beaucoup, et les Marseillais ont adopté ce mot depuis des siècles car il correspondait exactement aux activités portuaires commerciales...

Mais un *basar*, lieu bruyant et joyeux est aussi un lupanar dans le parler populaire marseillais. La métaphore est osée, mais dans un *basar*, les *basarettes* ont des langues agiles, ce qui explique le glissement de sens... D'autant plus que l'expression “cache ta boutique” pour stigmatiser l'indécence est devenue “cache ton bazar” signifiant “ferme ta braguette”...

✧✧✧

BARRULER (Fr. Rég.) - ***BARRULA*** (Prov.)
Prononciation sans difficultés.

Barruler vient de *barrula* qui signifie en provençal, rouler, tourner, roder, errer et dont le sens initial était plus fort qu'à présent. Car un *barrulaire*, celui qui barrulait, était un rodeur, un errant (SDF), un instable, un volage, qui était peu recommandable, à la limite du zonard. En fait c'était bien l'ancêtre du zonard, car il rodait hors de la ville en général, hors des *bàrri* (les remparts), ce qui a donné en français : rodeur de barrière...

Un *barrulaire* des temps anciens était donc plutôt à l'affût des mauvais coups, comme une *“fiho de bàrri”* (une fille de joie) était à l'affût du client, hors des remparts ou des limites de la ville.

De nos jours, un *barrulaire* est plutôt un promeneur, quelqu'un qui *barrule* ici et là... mais qui souvent tourne en rond, sans trop avoir de but.

Le mouvement rotatif qui anime le *barrulaire*, tournant autour des *bàrri* (les remparts souvent en cercle autour de la ville), a donné racine à des mots qui ne sont pas reliés immédiatement à leur origine.

Ainsi *barrulet* (le cerceau des enfants), mais aussi *barrièu* et *barrico*, ainsi que *barricado*. Tous ces mots et des centaines d'autres sous-entendent l'idée de roulement et de fermeture... encerclée, comme un tonneau précisément.

Ainsi donc, les *barruleurs* modernes, qui tournent en rond, comme les assiégeants d'une place forte protégée de remparts, maintiennent-ils sans le savoir d'étranges réminiscences.

Pensez-y lorsque vous irez à votre tour *barruler* dans les rues pour *bader* ou simplement ne rien faire, sinon tourner en rond, ce qui n'a aucun rapport avec tourner en bourrique, même si les origines des mots y font songer. D'autant plus que ce sont souvent les ânes qui *barrulent.*

✧✧✧

BÉDIGAS (Fr. Rég.) - ***BEDIGAS*** (Prov.)
Prononciation : Le “e” provençal se prononce é. Donc homophonie pour les deux langues.

Le mot *bédigas* est utilisé communément en français régional. *Mai de qu'es acò un bedigas ?*

"Bougre de bedigas" signifie "espèce de niais, d'imbécile, voire de couillon". Ce n'est donc pas une flatterie, loin de là.

Ce mot vient du vocabulaire des bergers provençaux et se traduit en français par "mouton d'un an". *Un bon bedigas*, c'est un bon agneau, mais aussi un bon enfant. Un *bedigas* est un adulte niais et benêt. *Un paure bedigas*, c'est un pauvre type.

Avec le sur-augmentatif, un *bedigassas* est un grand benêt, un grand nigaud. Et tous ces mots peuvent se mettre au féminin. *Siès une bedigasso*, *voire une bedigassasso*, se traduit par : tu es une nigaude, voire une grande niaise.

En provençal, un *bedet* est un mouton, et l'origine du mot est latine : *bidens* signifiait brebis de deux ans.

Pour se faire suivre de leurs troupeaux, les bergers crient souvent *"Bedet, bedet, bedet..."* et forcément tout le troupeau suit le berger comme un mouton... on s'en doute...

Il ne faut pas confondre *bedet* et *bedeù*. Un *bedèu* est un bedeau, l'homme à tout faire dans les églises.

Mais il n'en reste pas moins que *bedèu*, bedeau, signifie également dans le provençal populaire la même chose que *bedigo* ou *bedigas*, c'est-à-dire imbécile ou niais. Cela vient de l'époque où les églises étaient souvent entretenues par des hommes un peu simples d'esprit, des innocents au vrai sens du mot qui étaient nourris et habillés par le presbytère.

Donc le *bedigas* c'est l'imbécile. Mais que cela ne vous interdise pas de jouer au *sauto bedigo*, saute-mouton, car dans l'argot provençal, cela signifie jouer à la bête à deux dos.

Ai sauta une bedigo ou *une bedigasse* signifie : j'ai sauté une agnelle. Quand à l'agnelle de l'intérieur des terres, c'est l'équivalent de la girelle pour les Marseillais.

✧✧✧

BELÒRI (Fr. Rég.) - Prononciation : belòri, bélorri
BELÒRI (Prov.) - Prononciation identique en insistant sur le "o", accent tonique, le "i" est atone dans les deux langues.

Le mot *belòri* est surtout employé à Marseille où un échange entre dames du peuple peut être du genre :

- "Oh, ma belle Nine, t'es superbe, tè, avec toutes tes *belòri...*"

Cette Nine qui est superbe avec ses *belòri* est une dame bien habillée, avec un certain luxe de parure et d'ornements, dont les bijoux. Car de nos jours, on n'emploie plus guère le mot *belòri* que pour définir les bijoux brillants, colliers, bracelets, bagues en or par exemple.

Dans le temps, les *belòri*, ou *beluro*, ou *belùri* signifiaient tout l'ensemble de la tenue vestimentaire.

On disait alors d'une jolie fille courtisée : *"Se voulié de belòri, se n'en farié paga pèr tóuti lis ome que van canta souto sa fenèstro..."* (si elle voulait des bijoux et du luxe, elle s'en ferait offrir par tous les hommes qui vont chanter sous sa fenêtre).

Mais avec ce mot, il faut être prudent, car il a des

synonymes dont le sens peut prêter à confusion.

Un *belòri* peut en effet être aussi la fleur dite "narcisse des poètes" à Digne, ou encore un bibelot, voire une fanfreluche.

Et enfin ce qui est le comble, des génitoires de bélier. *Li belòri* des béliers sont la parure de cet animal. Pour un berger, la taille des *belòri* de son bélier, leur volume, est un gage de bonne santé reproductrice...

C'est tellement vrai que ces *belòri* arborées par l'animal sont généralement plutôt définies par le mot *glòri*, lequel signifie gloire. *Un aret carga de glòri,* signifie très exactement un bélier aux superbes testicules.

Alors, *anas d'aise* (allez doucement) dans les compliments à une dame, ne vous servez pas du mot *belòri* sans retenue. Cela pourrait lui briser les *glòri*, même si c'est anatomiquement impossible !

✧✧✧

BIBERINE (Fr. Rég.) - Toutes les lettres se prononcent.
BEBEIROUN (Prov.) - Se dit bébeïroun avec dernière syllabe nasale.

Le mot *biberine*, dans la locution "partir en biberine", est très souvent employé dans nos conversations.

Certains font remonter ce mot à l'italien et l'associent à l'ivresse. Mais c'est un vrai mot provençal qui, à l'origine, se dit *bebeiroun*, c'est-à-dire biberon.

Ce mot est devenu *biberine* à la suite d'un détour par le terme argotique français "biberonner" pour boire à la bouteille.

Mais ce faisant, son sens a totalement changé, car en Provence, *partir en biberine*, a toujours signifié retomber en enfance, devenir gâteux pour ne pas dire sénile.

On part en *biberine* lorsqu'on perd l'esprit, qu'on *"décadrane"*, c'est-à-dire lorsqu'on perd le cadran du temps, de l'heure.

On peut toutefois faire remarquer qu'un ivrogne fin saoul n'a plus guère conscience de l'heure ou du temps qu'il fait.

Mais la langue provençale, toujours pleine de ressources a tiré de *bebeiroun* le mot *bèbi* ou *pèpi*, signifiant, nigaud, imbécile, idiot. Exacte définition de la locution partir en biberine (retourner en enfance).

✧✧✧

BOCHE (Fr. Rég.) - BOCHE (Fr.)
BOCHO (Prov.) - Prononciation Botche.

On peut entendre sur tous les terrains de boules provençaux : "*Mando ta bocho... Tiro la bocho... Anen jouga i bocho...*" (Lance ta boule... Tire ta boule... Nous allons jouer aux boules)...

La *bocho* provençale est tout simplement la boule à jouer improprement nommée "l'intégrale" car ce mot est une marque commerciale.

A l'origine, la *bocho* était en bois... Comme la *bocho* du jeu de quilles.

Puis elle fut ferrée, c'est-à-dire cloutée par des spécialistes qui en faisaient parfois un objet d'art et, toujours, une boule plus dure que les simples boules en bois.

La *bocho* fut ensuite fondue en bronze, puis emboutie et tournée en acier. Elle ne servait qu'à jouer, comme dans toute la région méditerranéenne où le beau temps favorise les jeux en extérieur.

Lou jo de bocho supplanta les quilles et reste depuis deux siècles en pleine expansion, jusqu'à être devenu sport olympique.

Il ne faut donc pas confondre *bocho* et *bòchi*. Un *bòchi* ou *bòqui* est un bouc.

Ce mot vient du grec et signifie barbe.

Un bouc porte la barbe, entre autres choses qui le distinguent de la chèvre qui n'a qu'une barbiche.

Le mot *bocho* n'a également aucun rapport avec embauche qui vient de l'espagnol et signifie enjôler à quelque chose près.

Il reste à définir l'origine du péjoratif *boche* appliqué aux ennemis d'outre-Rhin pendant les deux guerres mondiales.

Certains pensent que ce mot vient de l'argot parisien, et d'autres, dont je suis, du mot provençal *bocho* appliqué aux Allemands porteurs de casques ronds. J'imagine très bien des Provençaux, dans les tranchées, guettant les boules rondes des casques ennemis. Pour bon nombre d'entre eux, ces boules-là étaient à tirer sans retenue...

Ils avaient d'ailleurs tout intérêt à *estanquer la bocho*...

✧✧✧

BOMBER (Fr. Rég.) - ***BOUMBA*** (Prov.)

Le mot *bomber*, devenu verbe, s'emploie de nos jours en français populaire pour les œuvres d'art picturales sur les murs de nos villes au moyen de bombes de peinture. Or le mot *bombo* vient du latin, via le provençal, et a le sens de bruit sourd. Le *boumbus* latin est une simple onomatopée qui a donné le verbe *bomba* signifiant frapper un coup sourd ou heurter avec force d'une part, et bondir d'autre part. Les Provençaux ont construit ensuite *boumbadisso* pour désigner le bruit fait en *boumbant*, puis *boumbardamen* pour *boumbardaire*, bombardeur. Et des dizaines d'autres, notamment *reboumba* signifiant rebondir, *Fai boumba* (fait bomber le ballon), *Lou balloun reboumbo* (le ballon rebondit). Quant au *boumbardié*, ce n'est pas l'avion bombardeur, mais un jouet fabriqué avec le bois de sureau, sorte de sarbacane à piston dont le tir fait un bruit de petit canon.

Mais le *boumbardié* est aussi le musicien qui utilise la pression de l'air dans la *boumbardo*... Bien des mots français viennent du *boumbus* latin, avec l'idée de convexité, d'où la bombe aérienne, puis la bombe glacée, et la bombe de peinture pour les amateurs de bombage nocturne.

Dans le français régional nous est resté *bomber* (bondir), et lorsque l'on court à *toute bombe*, c'est qu'on court en bondissant. Plus simplement, on *bombe*, on court très vite. “Je suis arrivé à l'heure parce que j'ai bombé.”

✧✧✧

BORDILLE (Fr.Rég.) - ***BOURDIHO*** (Prov.)
Prononciation identique, sauf pour la première syllabe.

Le mot “profrançal” *bordille* qui à l'origine se dit *bourdiho* est très courant dans la conversation quotidienne.

Ce mot, souvent utilisé comme insulte, vient du provençal et signifie balayures.

Sa racine est “bord”, comme bordure, ce qui a donné Bordeaux, la ville du bord de l'eau, et bordel, maison qui de par sa vocation est plutôt en marge, en limite, car tout ce qui est au bord est forcément en limite.

Les balayures, *lis escoubiho*, étaient rejetées en limite de la zone d'habitation, comme les bordels en dehors des villes.

Traiter quelqu'un de *bourdiho*, sans atténuation de style affectueux, est une injure sérieuse en Provence.

Ceux qui méritaient d'être classés parmi les *bourdiho* étaient la lie du peuple, truands, sorcières, catins et autres maquereaux, et devaient la plupart du temps vivre en lisière ou en marge de la population, respectant lois et règlements. Il y a cependant déjà quelques siècles que les marges se sont effacées. Depuis que les remparts sont tombés et que les villes n'ont plus de limites pour cantonner leurs bordilles.

✧✧✧

BOUFFIGUE (Fr. Rég.)
BOUFIGO (Prov.) - Prononciation identique sauf le “o” qui est atone.
BAUDUFLE (Fr. Rég.) - On prononce booudufle ainsi qu’en provençal.
BAUDUFO (Prov.)

Voici deux mots de français régional très souvent confondus. *Baudufle* et *bouffigue* sont assez proches, il est vrai.

Une *baudufo* est une toupie, un jouet d'enfant, c'est rond et ça tourne sur lui-même une fois lancé. D'où l'expression “tourner comme une toupie” qui vient du provençal *“vira coume uno baudufo”*.

Quant à la *boufigo*, c'est une boursouflure, une baudruche, une vessie gonflée d'air, car dans *boufigo* il y a *boufa*, le verbe souffler. L'ange *boufarèu* est celui qui dans la crèche souffle dans sa trompette, et un *boufard* est un souffleur de verre qui par analogie a donné la bouffarde à la langue française.

On comprend donc qu'une *boufigo* est quelque chose de soufflé, de gonflé, comme par exemple la *boufigo* d'une brûlure sur la peau, ou un pinçon provoquant une bulle de sang. *“Me sièu boufiga lou det”*(Je me suis pincé le doigt), sous-entendu “il est enflé”. *Un boufigo de porc* est une vessie de porc.

J'ai de grands souvenirs de *boufigo* venant du temps où se tuait le cochon familial à la campagne. La vessie était cadeau pour les minots qui en faisaient un ballon bien gonflé. Une fois séchée, la vessie devenait souvent une lanterne. On la munissait d'une bougie, et, accrochée au bout d'un bâton, elle servait de lampion pour les défilés nocturnes, diffusant sa lumière tremblotante.

Mistral raconte que les *boufigo* ainsi traitées servaient à éclairer le déroulement des farandoles nocturnes... et permettaient aux danseurs de ne pas emprunter des terrains impraticables. Et d'après lui, ce serait cette technique d'éclairage qui a donné en français la célèbre locution : “prendre des vessies pour des lanternes”.

✧✧✧

BOUGRE (Fr. Rég.) - ***BOUGRE*** (Prov.)
Mot identique en provençal et en français.

Le célèbre *bon bougre*, mauvais *bougre*, voire brave *bougre*, concurrence activement le *bougre* de fada, *bougre* de couillon, et on peut se permettre d'en oublier.

En langue provençale, la *bougraio* est tout simplement la canaille, mais la puissance du mot s'atténue avec *bougraioun* ou *bougraiouno*, adressé à un gamin ou à une fillette. C'est presque affectueux comme *canaillou.*

Au fil des siècles, le mot *bougre* s'est souvent modifié et, de nos jours, il est certain qu'il n'a plus un sens aussi fort qu'au Moyen Age.

A l'origine, c'est le nom des peuples de Bulgarie. Les Boulgares...

Les *Boulgaro* sont devenus des *bougres*, synonymes d'étrangers aux mœurs exotiques. On les accusait d'être sodomites, entre autres choses ! Le catharisme est originaire de Bulgarie. Les parfaits cathares allaient par deux et n'avaient pas de femmes. Ce fut au point qu'un sodomite était surnommé un bougre !

Un *bougre* qui pratiquait la *bougrarié* !

Alors attention, ne traitez pas n'importe qui de bougre !

Ce nom fut accolé aux hérétiques, et notamment aux cathares qui se qualifiaient eux même de bons hommes et se voyaient définis comme de mauvais bougres par ceux qui les pourchassaient.

La connotation péjorative du mot bougre semble venir, non pas des Bulgares qui n'y sont vraisemblablement pour rien, mais d'une citation littéraire extraite du livre *Le juif errant*, et surtout de la légende provençale qui racontait, bien avant qu'on écrivît le livre, l'histoire de ce méchant juif qui avait refusé au Christ de s'asseoir sur son banc. C'était lors de la Passion à Jérusalem. Et non seulement le méchant homme avait refusé à Jésus de se reposer, mais il avait ajouté : “Marche, bougre !”

Mais tout ceci reste légendaire...

Ce qui ne l'est pas en revanche c'est que bougre a donné bougrement qui est devenu une interjection augmentative.

C'est bougrement tentant, elle est bougrement belle, ce qui est souvent bougrement intéressant !

✧✧✧

BOUILLABAISSE (Fr. Rég. et Fr. Nat.)
BOUI-ABAISSO (Prov.) - Se prononce bouiabaïsse.

Bouillabaisse est vraiment provençal. Il ne désigne pas une matelote de poisson systématiquement, car ce mot définit une technique de cuisson. On peut tout cuire ou presque à la bouillabaisse !

Ce mot est formé de *boui* qui signifie précisément “la marmite bout”, et de *abaisso* donnant l'ordre d'abaisser le feu parce qu'il suffit d'un bouillon pour cuire ce plat.

Une bouillabaisse n'est jamais qu'un potage de poissons bouillis... avec quelques autres choses.

Les félibres se sont préoccupés d'elle, et l'un d'eux chantait : “Pour le vendredi saint, une certaine abbesse, d'un couvent marseillais créa la bouillabaisse...”

Un autre ajouta : *“Sauprès que dins lou boui-abaisso, se mete jamais ges de graisso ; car se dins l'aigo s'es nourri, lou peis dins l'òli dèu mouri !”* (Vous saurez que dans la bouillabaisse on ne met jamais de graisse, car si le poisson s'est nourri dans l'eau, il faut qu'il périsse dans l'huile).

A l'origine, la bouillabaisse est un plat de pauvre pêcheur qui faisait cuire tous les invendus de sa pêche. Ainsi ne perdait-il rien de ses efforts et pouvait-il nourrir sa famille avec quelques pommes de terre en prime.

C'était bien avant que ne soit lancé le fameux journal *Lou Bouillabaisse* qui, durant cinq ans, fut rédigé à Marseille en provençal au XIXe siècle... et c'est dans ce journal que se trouve l'adage : *“dins un boui, lou pèis es cue”* (il suffit d'un bouillon pour que le poisson soit cuit) ce qui, je l'espère, mettra tout le monde d'accord avant que ne se déclenche une guerre civile à propos de l'authentique recette de la bouillabaisse.

✧✧✧

BOUMIAN (Fr. Rég. et Nat.) - Prononciation boumyan.
BÓUMIAN (Prov) - BOHEMIEN (Fr.)

Qu'est-ce qu'un *bóumian* en Provence, sinon un bohémien. Normalement originaire de Bohême comme le fameux cristal.

Et pourtant un *bóumian* provençal est avant tout un gitan de la Catalogne. Gitan est un mot francisé, mais le *bóumian* ne l'est pas. On dit parfois que les gitans sont issus des Maures venus en Espagne, et comme ces Maures venaient de l'Orient, on les appelaient Egyptiens au début du second millénaire. C'est ainsi que les gitans sont appelés *gypsies* par les anglais.

La *bóumianarié* provençale est la vie de bohémien... et n'a aucun rapport avec l'opérette. C'est une vie difficile, souvent faite de petits boulots, de petits commerces et autres spécialités à la limite de la légalité, comme la chiromancie, la voyance, et, dans le temps, la sorcellerie. Ces gens du voyage ont payé un lourd tribut fait de mépris, de prison, de bûchers et autres génocides. Et malgré cela, les boumians ne sont toujours pas populairement considérés à l'égal des autres populations. De nos jours encore, être traité de *bóumian* ou de *caraco* reste assez insultant, selon le ton employé.

Mais *caraco* (caraque en français régional) est un sobriquet de *bóumian*, dans la mesure où ces *bóumians* sont d'origine espagnole, car disait Frédéric Mistral, le mot espagnol *caracoles* est un de leurs jurons favoris.

Tous ces mots facilement utilisés par les Provençaux sont aussi politiquement incorrects que le mot nègre. On doit dire un noir, voire un homme de couleur. Mais un provençal sait bien que le mot *nègre*, dans sa langue, signifie noir. Et il ne sera donc jamais étonnant en français régional d'entendre le mot nègre pour désigner quelque chose de noir. Ce mot venant du latin *nigra*. En Provence, pour des Provençaux, une chatte noire sera toujours une *cato negro*.

✧✧✧

BRAILLE (Fr. Rég.) - ***BRAIO*** (Prov.) - Prononciation identique "braille".

Voici un mot qui, si j'ose dire, court les rues depuis que les femmes s'*embraillent* tout autant que les hommes. Car les *brailles* sont les culottes, et même les caleçons qu'on appelle *braiet* en provençal. Les *braiet* sont ni plus ni moins que les caleçons dits de lutteurs ou de danse. *Braio* est toujours employé au pluriel, comme en français on dit des pantalons si on parle correctement.

Li braio vont toujours par paires, depuis bien avant Jules César qui, arrivant en Provence, parle dans ses mémoires de la *Gallia bracatta*, c'est-à-dire de la Gaule pantalonnée.

Braio vient du latin *brachia* qui signifie branche. Le corps humain a deux branches, ses jambes (issues du tronc !) et si on laisse tomber la culotte sur ses jambes on est tout de suite *braiasso*, d'où par extension *mal embraié*, donc mal habillé.

Ces racines latines ont donné d'innombrables verbes et dérivés dans toutes les langues, dont le mot braguette qui se dit *braieto* en provençal et signifie, petit caleçon fendu sur le devant... sûrement pour laisser passer la branchette des messieurs !

Il y a un siècle, les athlètes en *braieto* faisaient coudre des grelots aux ourlets. C'était la mode sportive de l'époque, plus faite pour séduire les dames que pour tenter des records.

Il arrivait aussi que les vaincus fassent hommage de leurs maillots à leurs vainqueurs comme de nos jours. C'est donc de cette époque que date l'expression perdre sa culotte. Etonnant non ?

✧✧✧

BRANDADE (Fr. Rég. et Nat.)
BRANDADO (Prov.) - Prononciation identique.

Vive la morue, la *merlusse* qui fit de joyeuses tables pour nos grands-parents. Du temps où la morue, séchée du côté de Port-de-Bouc, arrivait bien salée dans les foyers provençaux. Ce poisson de l'*uba* (du nord) était le plat de fête à une époque où la viande était rare, hormis la volaille et les lapins.

On cuisinait la morue, et de temps en temps on se faisait une *brandade*, recette vedette qui se dégustait avec des pommes de terre bouillies. C'était avant les brandades industrielles et la morue surgelée.

Mais ce mot *brandade*, naturalisé français, est né en Provence et vient du latin comme on s'en doute. Quand on ébranle les cloches, on évoque en provençal *"lou brande di campano"*. Le branle des cloches, en bon français. *Faire branda* (branler) la cloche, donne l'origine du mot *brandade*, car il faut secouer la casserole, l'ébranler pendant la cuisson de la morue, afin que la chair de celle-ci n'accroche pas au fond du récipient.

Le nom de la recette *brandade* n'est que la francisation du mot branlement ou branlage de la morue.

Je reconnais que la pureté de la langue française s'accommodait mieux du terme provençal pour cette recette. Imaginons ce que cela donnerait en français : un branlage de morue, un branlement de morue... et pourquoi pas une *branleto* !

Les cuisinières provençales des temps passés avaient le tour de main nécessaire pour cuire leur morue en brandade.

Et je pense que vous serez d'accord pour convenir avec moi qu'il fallut quelques siècles d'apprentissage pour parvenir à branler convenablement une morue !

✧✧✧✧✧✧✧✧✧✧✧✧✧✧✧✧✧✧✧✧✧✧✧✧✧✧✧✧✧✧✧✧

C... comme : Cache-maille – Caganis – Cagole – Calende – Calfat – Calu – Canebière – Caramentrant – Castellet – Caver la rabasse – Chaler – Chandeleur – Chanu – Chaple – Charrette – Chasper – Chavane – Chichibelli – Chichois – Chiffrer – Cigale – (la) Ciotat – Clapier – Claver – Crier sèbe

CACHE-MAILLE (Fr. Rég.) - ***CACHO-MAIO*** (Prov.)
Même prononciation.

Il revient parfois dans les vieilles mémoires des mots qui donnaient de la joie aux enfants. Et moi j'adorais que papé me dise : *"Tèn picho, vaqui pèr ta cacho-maio"*. (Tiens petit, voici pour ta cache-maille), et il me tendait une piécette, souvent de celles qui étaient trouées et qui valaient vingt-cinq centimes. Les fameux *Cinq sous de Lavarède* (vieux film de Fernandel).

Vite, fier comme un coq, j'allais faire glisser la piécette dans la fente de ma *cache-maille*... c'est-à-dire ma tirelire. Mot français équivalent qui très curieusement utilise l'italien, la lire, pour évoquer les francs !

Une *cache-maille* servait à cacher les *maio*. Il s'agissait de la vieille dénomination d'une monnaie de cuivre de très faible valeur qui avait cours en Provence. La maille offrait un dessin à l'avers de sa valeur au revers. Son nom venait du latin *medalla*, qui nous a donné médaille.

Au Moyen Age on utilisait dans le midi trois sortes de *maio*, l'une en or, l'autre en argent dite la blanche, et la *maio* de cuivre qui est restée dans le langage populaire, par son peu de valeur.

L'expression "avoir maille à partir avec quelqu'un" vient directement d'un problème d'argent médiéval où la moindre *maio* comptait (partir est l'ancien sens de partager).

Dire de quelqu'un qu'il est *maillé* signifie qu'il ne manque pas d'argent.

Et bien entendu, “n'avoir ni sous ni maille” n'a pas besoin d'être expliqué longuement. Cela signifie qu'on est fauché. Ainsi donc, *la cache-maille* de mon enfance, toujours utilisée dans les familles provençales, a-t-elle des racines linguistiques étonnantes qui ont certainement bien plus de valeur sentimentale qu'une *maille* n'en a du point de vue financier.

Quand je pense qu'un ami du Nord croyait jusqu'à présent qu'une cache-maille était un pot de moutarde !

✧✧✧

CAGANIS (Fr. Rég.)
CAGANIS (Prov.) - Même prononciation.

Note préliminaire : Ce mot n'a pas d'équivalent en français. Le plus proche, si on admet qu'un nid est un lit, reste “chienlit”.

Ce mot fut employé par De Gaulle en 1968 : “c'est la chienlit” pour ne pas dire “c'est la merde”... car le mot est formé sur le verbe chier, traduction littérale du caga provençal.

Ce substantif masculin est formé du verbe actif et neutre *caga* et du nom *nis*. Il se traduit littéralement par “chie au nid”, mais les Provençaux qui sont des gens à l'oreille délicate n'emploie pas le verbe français chier. Ils préférent *caguer*.

Dans cette expression *cago-nis*, assez verte, on trouve la claire métaphore qui désigne l'oisillon qui *cague* encore dans son nid, c'est-à-dire en français le petit merdeux, par allusion au bébé encore dans sa couche-culotte, incapable de se débrouiller seul.

Le *caganis* provençal est donc la plupart du temps assez méprisant, mais peut devenir terme de caresse dans la bouche d'une maman : *"Oh, moun bèu caganis"* (oh mon beau tout petit dernier).

Le *caganis* est en fait le dernier oisillon de la nichée et par extension le dernier-né d'une famille.

Dans certaines régions de Provence le mot *caganis* est atténué en *cagandroun* et garde le même sens et la même racine.

Il n'est pas dans mon propos de faire une étude exhaustive sur le verbe *caga*, mais je dois à la vérité de dire que c'est un des mots qui a donné naissance à une foule de locutions introuvables en français. Ne serait-ce que *cagadou*, latrine de plein air ou d'intérieur, ou bien *cagadouiro*, chaise percée.

Parmi les locutions provençales délicates autour du verbe précité, je vous livre celle-ci très peu connue : *"caga dóu pichoun cuou"*, c'est-à-dire, vivre chichement, manger peu et donc ne pas évacuer davantage, d'où l'inutilité d'en avoir un gros lorsqu'on n'a besoin que d'un tout petit pour de petits besoins.

A l'inverse, j'ai lu cette appréciation sur un livre d'or de restaurant : *"Avèn bèn manja, cagaren bèn"*. Ce qui doit se passer de traduction, sous peine de dire des *cagades* !

✧✧✧

CAGOLE (Fr. Rég.)
CAGOLO (Prov.) argotique - Pas d'équivalent en français, toutes les syllabes se prononçent.

La *cagole* est une femme de mauvaise vie en langage populaire marseillais, mais n'existe pas dans la langue provençale littéraire. C'est de l'argot provençal.

Ce mot est vraisemblablement d'importation car on ne peut imaginer qu'il soit formé sur le mot *cagot*, signifiant “très pieux avec ostentation”, du type Tartuffe. Quoiqu'on puisse rapprocher le mot *cagot* ou *cagote* de *l'abadié*, l'abbaye. Et en Provence, l'abbaye était aussi le bordel. Toulouse était réputée pour *sa grando abbadié*, le plus grand bordel de France au XIIIe siècle.

Il existe aussi la possibilité d'une création due au génie du parler populaire marseillais, contractant le mot *cago*, signifiant excrément, et le mot *rigole*. Les filles de joie et les rigoles ayant toujours fait bon ménage avant qu'on ne construise les trottoirs.

On notera cependant que le mot *cagole* a perdu de sa force évocatrice au fil des années.

On peut se faire traiter de *cagole* sans exercer le premier métier du monde. Il s'agit là d'un terme de mépris total issu d'une société d'hommes du Sud pour qui la femme n'avait que trois destins possibles : mère, sainte ou pute...

✧✧✧

CALENDE (Fr. Rég.)
CALENDO (Prov.) - Prononciation identique dans les deux langues : calinde.

Le mot *Calendo*, signifie Noël, c'est-à-dire la fête du commencement pour toute la Provence.

D'origine romaine, le mot *calendo* désignait le premier jour de chaque mois, et il nous a donné en français le mot calendrier.

Les Provençaux, qui sont pragmatiques, adoptèrent très vite les mots latins qui leur plaisaient. Et *calendo* est de ceux-là, car il avait un sens particulier lié à la fête qui se pratiquait à Rome le 1er janvier en l'honneur de Janus, le Dieu qui a un visage pour regarder devant lui et un autre pour regarder derrière. Il symbolise le changement d'année, et c'était une raison suffisante pour faire la fête chez les païens.

Avec l'arrivée du christianisme, les gallo-romains confondirent avec facilité la fête calendale du 1er janvier avec celle de Noël.

Et c'est ainsi que le nom d'une fête païenne est devenu celui de la principale fête chrétienne.

L'astuce gallo-romaine était imparable et fut adoptée par l'Eglise naissante qui considéra avec habileté que le mot *calendo* signifiant “commençement” pouvait être toléré pour désigner Noël, puisque Noël est le commencement de l'Eglise.

Par suite, et depuis des siècles en Provence, tout ce qui touche à Noël est *calendal*. Mais ce mot ne traduit pas le français Noël qui en provençal se dit *Nouvè*.

Fête de famille par excellence, le temps *Calendal*, celui de Noël donc, est particulièrement respecté en Provence, même chez les incroyants qui fêtent toujours *calendo* à la maison, même s'ils ne fêtent pas le temps de Pâques à l'église. Selon le dicton : "Noël en famille et Pâques avec son curé."

✧✧✧

CALFAT (Fr. Rég.)
CALFAT (Prov.) - Même prononciation.

Un *calfat* est un ouvrier calfateur dont le métier est de calfater.

C'est un métier de chantier naval, qui existe depuis que les hommes naviguent sur autre chose que des radeaux en roseaux ou sur de simples troncs d'arbre.

Du jour où les peuplades maritimes ont construit des barques en plusieurs planches, donc plus sophistiquées que les pirogues creusées dans un tronc, il leur a fallu prévoir l'étanchéité. Pour boucher les fentes, on se servait de bitume naturel, et lorsqu'on n'en avait pas sous les pieds, comme au Moyen-Orient, on inventait un mélange de poix tirée de la résine, d'étoupe végétale, et de bouses de vaches. Cette sorte de mastic devait s'employer à chaud. D'où son nom car *calfatage* tiré du latin *calefactare* signifie chauffer... ou faire de la chaleur.

Tant qu'on n'a pas construit des bateaux entièrement métalliques, il a fallu calfater les planches et les recalfater après un usage trop long. C'était une opération vitale qui occupait des centaines d'ouvriers calfateurs dans les ports de la Méditerranée. L'odeur de la résine chauffée pour devenir de la poix dominait les parfums exotiques des villes portuaires. *Li calafataire* formaient des apprentis, *li calafatin*, sous l'autorité *dóu mèstre calafat* qui savait l'exact degré de chaleur nécessaire pour réussir l'étanchéité idéale. Et le dimanche, tout un chacun se reposait, parfois en allant *calafater* les dames parfumées des quartiers chauds.

Car en provençal maritime populaire, une dame se *calfate* tout aussi bien qu'une fente de barque. Il faut chauffer l'outillage et le produit avant de boucher la fente.

C'est ainsi que l'étanchéité des barques nous a donné le calfeutrage du français moderne, lequel n'a rien à voir avec le feutre.

Et c'est aussi grâce au latin *calefactare* que nous possédons des calorifères... qui réchauffent autant que les dames parfumées...

✧✧✧

CALU (Fr. Rég.)
CALU (Prov.) - Même prononciation.

Ce mot très connu est passé dans le langage courant en perdant son véritable sens. “C'est un *calu*”, “Il est *calu*”, “Il me prend pour un *calu*” sont des locutions courantes acceptées pour remplacer le mot fou, voire le mot fada. “Oh ! tu me prends pour un *calu*” remplace : “Oh ! tu me prends pour un *fada*..."

A l'origine, le mot signifie myope et vient du latin *cocles* construit comme monocle, binocle, oculus, sur la racine latine du mot œil.

Lou caluquige provençal est la myopie. Un *caluguet* est un myope léger et un *calugas* un grand myope.

Quant à la locution *"sièu pas calu"*, elle signifie justement "je ne suis pas myope", c'est-à-dire "j'y vois clair".

Mais ce mot provençal, *calu*, a un sens figuré pour désigner les animaux malades du tournis, de vertiges. Ce deuxième sens figuré a glissé vers une accentuation en passant de vertige à folie et imbécile. Donc dire *calu* n'est pas tout à fait impropre, mais encore faut-il connaître le sens premier qui est myope, pour imager le myope sans lunettes qui cherche et tourne en rond.

Dans *Mirèio*, Frédéric Mistral fait une nette différence entre fou et myope. Il fait dire à son héroïne :

"E d'amour, sur lou cop vènoun foui e calu". C'est-à-dire : "Par l'amour, soudainement, ils deviennent fous et myopes". Ce qui rejoint la locution concernant le petit dieu Cupidon qualifié quelquefois de *calu*.

En réalité, Cupidon n'est pas *calu*. Il n'est pas réputé myope mais aveugle, c'est-à-dire *bourniclet*. *Lou pichot Bourniclet*, c'est-à-dire le petit aveugle, a toujours désigné le petit dieu de l'amour en Provence.

✧✧✧

CANEBIERE (Fr. Rég.)
CANEBIERO (Prov.) - Prononciation identique, comme en français.

On dit la Canebière, mais on devrait dire : avenue de la Canebière...

La Canebière doit son nom au chanvre dont on tressait les cordages des bateaux. Ce nom est tout à fait provençal. Une *canebiéro* en Provence est avant tout un champ où pousse le chanvre, cette plante que les Romains nommaient *cannabis* et les Provençaux *cannebe*.

La *Canebièro* marseillaise serait, selon certains, un très ancien lieu où étaient installés les fileurs et tresseurs de chanvre.

Pour d'autres, l'actuelle avenue recouvre un ruisseau ou on mettait les tiges de *cannebe* à tremper, pour qu'elles rouissent, c'est-à-dire qu'elles se pourrissent et perdent leur pulpe pour ne garder que les fibres destinées au tressage.

Depuis deux siècles, la Canebière est la grande avenue bruyante qui symbolise Marseille dans le monde entier, grâce aux chansons, notamment à l'opérette, et aux marins qui, découvrant cette splendide avenue au cœur d'une ville portuaire, allaient partout dire la beauté de cette artère inhabituelle pour une ville maritime.

On a chanté partout dans le monde : “Elle fait le tour de la terre... notre, cane, cane, cane, Canebière...” mais c'était très exagéré bien entendu... Quoique la réputation de la Canebière ait effectivement fait le tour de la terre...

Du coup, les Parisiens ont pris l'habitude de se moquer

des Marseillais en prétendant que ceux-ci disaient :

- "Si Paris avait une Canebière, ce serait un petit Marseille..." Mais ça c'est absolument faux... Les Marseillais n'ont jamais prétendu que même une Canebière, Paris serait un petit Marseille...

Pour tout dire, il y a bien la moitié des Marseillais qui ne savent même pas où se trouve Paris.. et ça ne les empêche pas de vivre !

✧✧✧

CARAMENTRANT (Fr. Rég.)
CARMENTRANT (Prov.) - prononciation identique, au "e" près.

Le mot très franco-provençalo-latin, *caramentran,* ou *carmentran,* se confond souvent avec carnaval, et c'est normal. On entre en carême, c'est le carême-entrant quand on quitte carnaval, c'est-à-dire la période encore grasse jusqu'au Mardi gras à minuit.

Carnaval et carême font la paire et sont adoptés par la langue française depuis des siècles... Mais d'où vient ce carême-là ?

Mais... du latin *segur* ! Il vient de *quadragesimal,* c'est-à-dire quarantaine en latin. Il s'agit du jeûne de quarante jours imposé par l'église chrétienne et qui se retrouve d'ailleurs chez les musulmans avec le ramadan.

L'intérêt du mot *câreme-entrant* reste qu'il désigne en particulier le temps du changement. On passe du gras au maigre, et un tel événement, eh bien... ça s'arrose ! D'où les festivités de ce moment de l'année avant le premier jour maigre, le mercredi des Cendres. Lorsqu'on fête carnaval, on prépare les jours de *carne-levade*, c'est-à-dire viande enlevée. Le carnaval précède donc toujours le carême, mais le temps du carnaval peut aussi se nommer *carême-prenant*, ou carême-entrant. C'est compliqué, mais peu importe car le temps du carnaval, comme celui du carême, sont à présent bien occultés. C'est encore parfois un prétexte à festivité, mais le sens de ces fêtes s'est effacé puisqu'il ne se justifie plus par une pratique religieuse.

De toutes façons, un carême est anti-cholestérol et il aide à combler le trou de la "Sécu" ! A l'approche du printemps, la soupe à l'ail est revigorante... *"Quand carnaval s'en vai, se fau mestre à l'ail..."* dit le proverbe, mais n'exagérez pas, sinon vous aurez une tête de *caramentran*, c'est-à-dire une face de carême... laide et pâle comme celle du mannequin de paille, brûlé le Mardi gras au soir comme bouc émissaire social et religieux, chargé de toutes les misères et de tous les péchés du monde.

✧✧✧

CASTELLET (Fr. Rég.)
CASTELLET (Prov.) - Même prononciation.

Ce nom propre n'est pourtant pas français... puisqu'il est un diminutif du *castèu* provençal.

Les *castellets* sont nombreux dans le Midi. Ce sont à l'origine des petits châteaux assez faciles à conquérir.

Alors qu'un *castèu*, un château, est une place forte... qui ne s'ouvre pas et reste donc *casteta*, c'est-à-dire chaste !

L'image est sans doute hardie, mais elle illustre mon propos car durant des siècles les filles de Provence désirant un mari allaient "en douce" construire des *castellets*, c'est-à-dire des petits châteaux faciles à conquérir...

Cela se passait dans la forêt de la Sainte-Baume, au cours de pèlerinages vers la grotte de Sainte-Marie-Madeleine.

Pendant les dévotions, les filles en mal de mariage allaient dans les bois et, avec des pierres, construisaient un triangle symbolisant leur sexe en attente de conquête.

Et, au centre de ce triangle, elles plantaient une longue pierre verticalement.

Le rite magique était accompli. Il suffisait d'attendre que l'appel soit entendu des divinités religieuses ou païennes.

Et plus d'une qui partit demoiselle au pèlerinage revint femme à la maison paternelle en compagnie d'un vigoureux pélerin qui l'avait suivie dans les fourrés. C'était l'époque où les pèlerinages s'étiraient sur deux ou trois jours et nuits... Ce qui favorisait les contacts chez les garçons et les filles, sans que les familles ne puissent intervenir ! La régularisation se faisait post-coïtalement pour la plus grande gloire du symbole magique des castellets rituels.

✧✧✧

CAVER LA RABASSE (Fr. Rég.)
CAVA LA RABASSO (Prov.) - Le “o” est atone.

Partons *caver la rabasse*... Ce qui se traduit en bon français par “allons creuser la truffe”.

Li rabassaire, “creuseurs de truffes” vous dirait Jean-Marie Rocchia, se servent d'un *picouloun*, petite pioche spéciale, forgée et inventée par le père Ughetti, le roi de l'acier forgé artisanalement en Provence. On vend toujours des *picouloun* dans la quincaillerie de l'avenue Pasteur à Aix-en-Provence...

Creuser la rabasse est une saine activité de rapport certain pour les connaisseurs. Mais méfiez vous si un *rabassaire* reconnu annonce à la cantonnade qu'il va *caver la rabasse*. Inutile de le suivre pour percer ses secrets. En disant cela, il fait justement savoir qu'il part le nez au vent chercher l'aventure féminine. C'est une autre façon de *caver la rabasse*, car aucun *rabassaire* n'informe la cantonnade de son départ vers les truffières...

La locution vient du parfum de la truffe dont on dit que les phéromones ont des accointances sexuelles. Les savants prétendent même que ces phéromones sont proches de l'odeur du sexe masculin.

Ce qui expliquerait pourquoi les *rabassaires* préfèrent utiliser des truies ou des chiennes pour renifler le sol...

Quoi qu'il en soit, en langage *pistachié* la rabasse reste du genre féminin et le *picouloun* de M. Ughetti du genre masculin.

Le mot *picouloun* n'existe pas en provençal. On connaît seulement *lou picoun* qui est un petit pic, un piochon, mais ce genre d'outil est aussi, argotiquement, le complément sexuel direct du trou où se niche *la rabasso.*

✧✧✧

CHALER (Fr. Rég.)
CHALA (Prov.)

Le mot *chala* francisé en chaler, signifie de nos jours, porter, transporter.

“Oh *zé* ! tu me *chales* sur ta meule ?” signifie “Oh, José ! tu me portes sur ta mobylette ?” On peut insister en disant : “Allez, *zóu*, sois brave, *chale*-moi...”

Ce sens n'existe pas en provençal car le verbe *chala* n'a que le sens actif et neutre de “regarder avec admiration, réjouir, régaler la vue, faire plaisir à voir”. On est donc loin du transport, sauf du transport amoureux si on *chale* une personne du sexe opposé réjouissant la vue.

On signalera encore que le verbe *“se chala”* signifie se faire plaisir voluptueusement, prendre ses aises, s'épanouir dans le bonheur... et encore plus !

Et le plus fort reste que les étymologistes nagent sur le sens originel de ce verbe, partageant leurs avis entre des origines grecques, arabes, latines, espagnoles et même hébraïques...

Je peux vous dire *“Me sièu chala de rèn faire”* (Je me suis régalé à ne rien faire), comme *“Li calignaire se soun chala”* (Les amoureux se sont fait plaisir), ou encore *“Acò's un chale”* (C'est une jouissance).

L'idée de plaisir est toujours là, mais on est loin du

sens donné au verbe *chala* en français régional.

Il se pourrait que ce mot soit une contraction du mot chalut (filet de pêche traîné par un chalutier), et du sens de plaisir du verbe *chala*. Il y a cinquante ans, les enfants qui avaient un vélo *chalaient* volontier les carrioles des copains montées sur roulements à billes. En fait, ils ne portaient pas le copain, mais ils le traînaient derrière leur vélo...

C'est le sens que je retiens personnellement pour chaler, c'est-à-dire traîner, ou tirer... pour donner du plaisir.

✧✧✧

CHANDELEUR (Fr. Rég.) - Prononciation française.
CANDELOUSO (Prov.) - Se prononce avec le "o" final atone.

Ce mot, provençal d'origine, est tellement utilisé qu'on ne le connaît plus. Le mot chandeleur a été naturalisé français depuis quelques siècles. Il vient du provençal *candelouso* qui vient lui-même du bas latin populaire *candela* qui signifie évidemment chandelle !

La Chandeleur, *candelouso*, c'est la fête des chandelles, quarante jours après Noël. Les chandelles allumées, portées en procession, avaient un sens liturgique perdu de vue à présent. Elles portaient le feu, c'est-à-dire la purification symbolique, car le vrai nom de ce rite religieux est "Fête de la purification de la Vierge".

La tradition hébraïque, adoptée en Provence, voulait qu'une mère ne puisse être touchée par son mari durant quarante jours après la naissance d'un fils et quatre-vingts jours après celle d'une fille.

Le 2 février est situé exactement quarante jours après la naissance de Jésus.

La tradition de la quarantaine, le tabou après un accouchement, fut très suivie en Provence jusqu'à ces dernières années. La fête de purification des récentes accouchées s'appelait “fête des relevailles”.

Cette fête est connue dans tous les pays de la Méditerranée et si les relevailles sont tombées en désuétude, la tradition des chandelles du 2 février est toujours vivace selon les lieux. A Marseille, par exemple, on processionne avec des chandelles vertes en l'honneur de Notre-Dame du *Fenòu*, mot provençal contracté signifiant feu nouveau, *fiò noù,* ou peut-être foi nouvelle, *fé novo*.

Cette cérémonie marseillaise se passe à Saint-Victor et on distribue à cette occasion les fameuses navettes dont on dit parfois qu'elles sont le symbole féminin complémentaire du cierge, symbole masculin, dans cette liturgie de renaissance entièrement axée sur la femme et donc sur la Vierge Marie qui symbolise toutes les femmes !

✧✧✧

CHANU (Fr. Rég.)
CHANU (Prov.) - Prononciation identique.

Chanu, très souvent utilisé en diverses expressions du genre populaire : “Lui, c'est un type *chanu*”, ou encore tout simplement "Ça, c'est *chanu*"...

Ici *chanu* signifie bien ou bon. Quelqu'un de *chanu* est aussi quelqu'un de bonne qualité, quelqu'un auquel on peut se fier.

Ce qui est *chanu* est non seulement bon, mais aussi excellent, et ce mot s'emploie également au féminin en français régional.

On peut dire "elle est *chanu*" comme "il est *chanu*".

Lorsqu'on est *chanu* c'est qu'on est un type bien. Et si on parle d'un match de foot *chanu*, c'est que le match était beau et de qualité.

Ce mot vient du latin *canutus* qui signifie blanc dans le sens de cheveux blancs de vieillesse. Et si les Latins, comme tous les habitants entourant la Méditerranée, en avaient fait un mot de référence, c'est parce qu'à cette époque lointaine un homme aux cheveux blancs était réputé plein d'expérience et de sagesse.

Les vieillards qui dépassaient la soixantaine étaient des exceptions. On les considérait comme des sages, des bons, des excellents personnages... des gens *chanu*... et ce mot à travers le provençal a donné le mot chenu en français, qui n'est guère employé que dans la locution de "vieillard chenu" avec un sens un peu mystérieux.

Or, un chenu est tout simplement un homme aux cheveux blancs.

Et les Lyonnais ont adopté ce mot provençal *chanu* pour en faire le mot "canut". Un canut étant un artisan tisserand de soie qui avait souvent les cheveux blancs, soit par son âge, soit par la poussière de la soie dégagée dans son atelier, où il accomplissait justement un travail *chanu* et mal payé, d'où leur célèbre révolte aux accents de leur chanson : "C'est nous les canuts qui vivons tout nus..."

✧✧✧

CHAPLE (Fr. Rég.)
CHAPLE (Prov.) - Même prononciation.

Le mot *chaple* signifie abattage, carnage. Des mots forts, couramment employés en Provence avec un sens nettement amoindri. Par exemple : "Il a fait un de ces *chaple* à la pétanque...", autrement dit : il a "massacré" ses adversaires.

Ce mot vient du verbe latin *capulare*, signifiant hacher...

"La grelo a tout chapla" (la grêle a tout haché), est un bon exemple si on traduit en français littéraire. Mais la même phrase dite en français régional deviendra : "La grêle a tout *chaplé*".

Evidemment, lorsqu'on fait "un brave *chaple*", c'est qu'on abat, qu'on massacre, qu'on démolit, qu'on hache menu. On fait donc un *chaplas* !

Ce mot provençal a trouvé place dans la bonne langue française par un dérivé *chapladuro* qui est devenu chapelure.

Et si l'on considère l'émiettement de la chapelure qu'on répand sur un gratin, on peut sans peine imaginer ce qu'est un *chaple* au sens provençal du terme.

Chez les vieux Provençaux, l'expression *chaplo-verme*

est encore en usage. Elle signifie hacheur de vers de terre. Et c'est le sobriquet des paysans laboureurs... qu'il ne faut pas confondre avec les *chaplo-vin*, qui sont des gros buveurs de vin, des descendeurs de bouteilles... et donc des abatteurs puisqu'ils descendent les litres.

Enfin, il faut éviter de confondre *chaple* et *chapòli.*

Un *chapòli* est un toqué, un peu fou... mais pas dangereux au point de faire un *chaple*... même s'il est *chaplo-vin* !

Mais je dois avouer que je n'ai pas encore trouvé le rapport existant entre *Chapòli*/le toqué et saint Hyppolite qui se dit *sant Chapòli.* Si j'étais ce saint Hyppolite, je crois que je ferais un brave *chaple* !

✧✧✧

CHARRETTE (Fr. Rég.)
CARRETO (Prov.) "o" final atone.

Que signifie le mot charrette dans l'expression "rencontrer une charrette" ?

La locution courante en Provence reste assez incompréhensible pour les nouveaux Provençaux qui, arrivant en retard à un rendez-vous, se font apostropher : "Alors, on a rencontré une charrette ?" Quelle réponse donner ? Eh bien, la voici :

Une charrette provençale n'est pas une charrette française...

Ce mot est une déformation de *charradeto,* qui signifie causerie, et vient du verbe *charra* qui se traduit par le verbe parler.

Par suite, rencontrer une charrette (*charreto*) laisse entendre qu'on a du retard parce qu'on a parlé avec un *charraire*, un causeur rédhibitoire, quelqu'un qui fait des *charadisso*, c'est-à-dire des discours à n'en plus finir...

Ce verbe provençal *charra* vient du latin *garularré* et se retrouve dans la langue française avec le mot charade...

Mais rencontrer une charrette est aussi un jeu de mot venu du temps où les charretiers, qui, eux, voyaient du pays, avaient toujours quelque chose à raconter à un interlocuteur éventuel.

Les charretiers préféraient quelquefois parler à un âne de rencontre, *pèr charra un pau*, ce qui les changeait des conversations entretenues avec leur cheval.

✧✧✧

CHASPER (Fr. Rég.)
CHASPA (Prov.)

Je vous livre ici une information douloureuse pour les Provençaux d'origine. C'est en effet terrible à dire mais le verbe *chasper* n'est pas provençal !

Il n'a aucune racine latine ou grecque, il n'est pas employé sur les rives de la Méditerranée, et d'après Mistral, il viendrait de l'anglais *clasp* qui signifie embrasser avec les bras.

A partir de là, je me demande si tous les *chaspeurs* et *chaspeuses* provençaux ne vont pas se tordre de rire... car chasper est une activité amoureuse à 90% ! Lorsqu'on *chaspe*, on tâte, on pelote, on explore, on tâtonne, on fouille. Et cela se fait généralement en couple à l'heure des prémices exploratoires.

"Oh m'an, le type-là à côté, il fait rien que de me *chasper...*" Cela signifie qu'une demoiselle appelle sa mère au secours parce que son voisin de bus la pelote avec une insistance que réprouve la bienséance.

"Le *chaspage* est à la main ce que le sourire est aux lèvres... en matière amoureuse", disait un poète de mes amis...

Tout peut se *chasper*. Le médecin *chaspe* le pouls, un marchand chaspe un produit mais défend de *chasper* les fruits de l'étalage, une étoffe se *chaspe*, un aveugle *chaspe* de tous ses doigts pour reconnaître objet ou visage, on *chaspe* une lapine pour savoir si elle est pleine, on *chaspe* et on va de *chaspoun* quand on avance à tâtons dans l'obscurité.

Mais dans le domaine du *chaspage*, ce sont les amoureux qui battent tous les records. Dans cette activité, le *chaspage* est à la fois la caresse, le pelotage, le tâtage, la découverte, l'exploration excitante par un chaspage mutuel...

Le *chaspage* est un élément culturel de l'apprentissage des adolescents. Ha ! Savoir si la fille se laisse *chasper* ? ou si le garçon est chaspeur ? Voilà de quoi occuper l'esprit de novices...

De novices... en deux mots évidemment...

✧✧✧

CHAVANE (Fr. Rég.)
CHAVANO (Prov.)
Même prononciation, le “o” final étant atone.

Ce substantif féminin, *chavano*, est toujours très utilisé dans le français régional, surtout en milieu rural où on a toujours craint les *chavano*. Une *chavano* est un gros orage, généralement destructeur. Son augmentatif est *chavanasso*, orage énorme, diluvien, accompagné de bourrasques. Les Provençaux disent dans ce cas : *endoulible*...

L'orage, la *chavano* qui couche les blés était très redouté des paysans. Les coups de tonnerre effrayaient le bétail et la foudre ne fait jamais de cadeaux.

On ne connaît pratiquement pas l'origine de ce mot qui en langue romane se dit *chavana* et signifie chouette. La réputation de porte-malheur de la chouette et des hiboux est peut-être pour quelque chose dans cette affaire, d'autant plus que le sacrifice de ces rapaces nocturnes cloués sur les arbres ou les portes des granges était basé sur un rituel de sorcellerie à l'époque où la superstition régnait dans les campagnes.

Au figuré, la *chavano* peut aussi être une grêle de coups, voire une métaphore de chasseur : *“Ai toumba tant de cha-cha que semblavo 'no chavano”*(J'ai tué tant de grives que ça ressemblait à un orage).

C'est sûrement très exagéré, mais l'image porte en elle cette abondance qui enchante le chasseur.

Pour mémoire, on signalera que les lieux nommés *chavanier*, sont généralement sujets aux orages et peu habités, et que la plaine de la Crau d'Arles est réputée pour avoir reçu la plus fantastique *chavano* de tous les temps, avec la célèbre *chavano de caiau* qui fut lancée par Jupiter pour protéger Hercule.

La légende raconte en effet que c'est dans la Crau d'Arles qu'Hercule combattit Albion et Bergion. Ces deux frères étaient des géants, fils de Neptune, qui furent massacrés par la pluie de cailloux toujours visibles dans la Crau.

✧✧✧

CHICHIBELLI (Fr. Rég.) - ***CHICHI-BÈLLI*** (Prov.)
Prononciation identique : chichi-bèlli, avec “i” atone.

Chichibèlli, se confond parfois avec *chichi-fregi*.

Il importe donc de faire la différence. Et je vous le recommande, car il vaut mieux manger un *chichi-fregi* qu'un *chichi-bèlli* !

Un *chichi,* en Provence, est un petit oiseau... Un minuscule oiseau du genre roitelet. Du temps où ce genre d'oiseau qu'on nomme aussi un *zizi* ou un *titi*, était abondant, les chasseurs en faisaient leurs délices en les mettant à frire comme des petits poissons.

Et en Provence, quand on fait frire, on *fregi*. Par suite, un *chichi-fregi* est un petit oiseau frit à l'huile d'olive dans une poêle.

C'est la technique de cuisson des beignets, toujours frits avant d'être sucrés, qui a fait baptiser ceux-là des *chichis-fregi* dans le langage populaire.

Alors qu'un *chichi-bèlli*, c'est tout à fait différent...

C'est en quelque sorte l'ancêtre du poisson d'avril qu'on accroche dans le dos de quelqu'un.

C'est par dérision qu'on dit *bèlli*, c'est-à-dire beau, pour ce *chichi* qui pendouille. Et ce *chichi-bèlli* est généralement constitué de cochonneries ordurières... De tissus salis, de poignées d'étoupe maculée... Voire de tresses de papier souillé.

A l'époque où l'on s'amusait de peu de choses, voir un bourgeois bien habillé déambulant solennellement, gonflé de son importance et habillé à la mode, avec un *chichi-bèlli* pendu dans son dos, faisait rire les petites gens de la rue.

Le poisson d'avril moderne est gentillet en comparaison des farces des temps anciens car si on voulait renouer avec le vrai *chichi-bèlli*, il faudrait accrocher au dos des victimes quelques feuilles de papier hygiénique maculées... On est donc loin du *chichi-fregi*...

✧✧✧

CHICHOIS (Fr. Rég.) - **CHOIS** (Fr. Marseillais)
CHICHOUES (Prov) - Toutes les syllabes se prononcent à la française, y compris le “es” qui doit sonner.

Note préliminaire : Nicole Ciravegna a trouvé le nom de son héros dans les rues de Marseille. Les aventures de Chichois, qu'elle écrit depuis des années ont des milliers de lecteurs. Même Chichois Mitterrand les aurait lues... Quant au roi François

1er qui a imposé le "françois" à la Provence, je suis bien aise que les Provençaux l'aient baptisé "Le chichois de l'uba" (Le François du Nord).

Chichois est le surnom typiquement provençal donné aux garçons prénommés François. Et les Marseillais, dans leur génie du raccourci, disent encore davantage *Chois*. *"Oh ! Chois... vai bèn ?"* traduit en français signifie : "Alors François, tu vas bien ?"

En provençal de l'intérieur, on dit davantage *Chichoues,* et *Chichoueso* pour Françoise. Quant à Francis, le sobriquet est *Cheché.*

On dit aussi, au lieu de *Chois* à la marseillaise, *Chichoun*, *Chichounet*, *Chichouneto*,qui sont les diminutifs affectueux pour les enfants.

Dans ce cas, *Chichoun* n'a aucun rapport avec le mot français "chiche".

Pourtant le chiche français est l'équivalent du mot *chichoun*, qui signifie en provençal littéraire : avare, ladre, parcimonieux...

Donc, si vous avez un ami prénommé François, vous pourrez indifféremment, sans qu'il soit vexé, le surnommer *Chichois*, *Chois*, *Chichoun*, *Cheché*, *Céset*, *Chichi* et même *Chichounet*.

Mais dans ce dernier cas, avertissez le prénommé François qu'il s'agit d'un petit mot amoureux... Car *Chichounet* en provençal signifie mesquin, économe, vétilleux et ladre... Ce qui ne peut exister en amour... Qu'il soit amour du prochain ou de la prochaine.

Dans tous les cas, il faut éviter d'*estrasser* l'habit de

Saint-François... Cette locution humoristique : *"estrassa l'àbi de Sant Francès"*, n'est plus utilisée en Provence. elle signifiait qu'il ne fallait pas écorcher la langue française... c'est-à-dire le "françois" imposé par Chichois 1er aux provinces et aux langues de son royaume...

✧✧✧

CHIFFRER (Fr. Rég.) - ***CHIFRA*** (Prov.)

Le verbe *chifra* provençal signifie tout simplement chiffrer. *Chifra* et chiffrer sont bien proches, mais le second sens du verbe *chifra* est *calcula*, qui donne réfléchir en français régional.

"Acò me fai chiffra": cela me fait réfléchir... Ou mieux, à propos des computers personnels : *"De qu'es acò li PI-CI ? M'an dis qu'ero pèr carcula lou chifrage..."* (C'est quoi les PC ? On m'a dit que c'était pour calculer les chiffres). Ou encore : "On m'a dit que c'était pour compter."

Et c'est là qu'on voit le chemin parcouru par un mot et où se découvre le serpent qui se mord la queue.

Un PC (pici) c'est en anglais un "personnal computer". C'est-à-dire un calculateur personnel.

Or, en latin comme en provençal, le verbe *computa* signifie compter et nous a donné une foule de mots, depuis la comptine jusqu'au comptable, en passant par le comptoir où l'on compte, et sans oublier le *comput*, nombre ecclésiastique qui s'obtient par de savants calculs pour établir la date des fêtes mobiles.

En provençal, nous trouverons *coumputacioun*, *coumtabilita*, *coumtaire*, *coumtant*... et bien d'autres qui sont des mots devenus du français moderne, dont *coum-pu-taire* signifiant ordinateur !

Tout acò dèu vous faire chifra (Tout cela doit vous faire réfléchir) à la vanité des mots d'importation d'outre-Atlantique qui, outre leur snobisme, ne sont que des reflets de ceux qui existent depuis trente siècles dans nos pays latins.

Et puis il y a un mot que tous les *computers* du monde ne connaîtront jamais. C'est le mot *coumtadouiro*. La *coumtadouiro* est le nom de l'ultime bouteille qui se partage après tous les calculs afférents à une affaire. Essayez donc de proposer à votre *Pi Ci* de vider avec vous une *coumtadouiro*... Je suis sûr que cela va le faire *chiffrer* et *carculer*...

✧✧✧

CIGALE (Fr. Rég. et Nat.)
CIGALO (Prov.) - Le “o” final est atone.

Le mot cigale est loin d'être aussi connu qu'on le croit puisque j'ai cru utile d'écrire tout un livre sur la cigale, où il est démontré que la langue provençale est la langue des cigales (*Le livre de la cigale*, Autres Temps, 1995).

Il n'y a guère qu'en langue provençale que plus de cinquante mots, locutions et proverbes soient formés à partir de l'insecte chanteur.

Cigale vient du *ciccada* latin, lequel vient du grec *kic-*

cos (membrane) et *ado* (chanter). C'est donc la membrane musicale... La membrane vibrante déjà connue dans l'Antiquité... En fait, la cigale ne chante pas, mais elle cymbalise, se servant de ses membranes vibrantes comme d'un tambourin ou de cymbales.

Je ne vais pas détailler ici tous les mots et je vous renvoie à mon *Livre de la cigale*, mais ce qui est très intéressant c'est que la forme allongée et renflée au centre de la cigale a suggéré une comparaison provençale avec le cigare. Dans de nombreux pays de Provence on roule légèrement les "r", donc cigaro = *cigalo* oralement ; on dit aussi *cigaleto*.

Ainsi un *cigalié* est soit un chasseur de cigales, soit un fabricant de cigares. Le substantif masculin *cigalo* se traduit par cigare et le substantif féminin et masculin *cigalo*, avec la même orthographe, signifie cigale ! Chez les Espagnols, il n'y a pas de confusion. Un cigare est un *cigaro*, et une *cigara* est une cigale.

Un provençal peut très bien dire *"atuba 'no cigalo"* (allumer un cigare), ou *amoussa la cigalo* (éteindre un cigare). Dans ce dernier cas, cette locution peut aussi signifier faire taire la cigale ou rabattre le caquet...

Mieux encore, les mots *cigalet*, *cigaleto*, *cigaret*, *cigareto* signifient tous petite cigale ou cigarette !

Et lorsqu'on n'a rien dans le cigare, c'est qu'on fait une étourderie ou qu'on *cigalejo*. L'argot français "cigare" pour tête vient de la cigale provençale qui, je le rappelle, ne se fume jamais, avec ou sans filtre ! Nom d'un pétard !

✧✧✧

(LA) CIOTAT (Fr. Rég. et Nat.) - ***(LA) CIÉUTA*** (Prov.)

Note préliminaire : Il n'y a pas de noms de villes et peu de noms propres dans ces pages, mais La Ciotat est un cas d'espèce car son nom est exemplaire de la récupération française et des emprunts faits au provençal, lequel ne s'était d'ailleurs pas gêné pour emprunter des mots au latin, au grec et à toutes les langues de la Méditerranée en général.

Le mélange (mesclun) des langues suivait celui des populations, c'est pourquoi le vrai provençal peut être parfois xénophobe mais ne sera jamais raciste !

En provençal, la Ciotat signifie la cité, la ville dont l'origine est latine, *la civitas.* La vieille *ciéuta* latine des Provençaux et des Méridionaux est un nom de lieu qui se retrouve un peu partout, y compris dans le Gers et les Hautes-Pyrénées.

La moderne ville de la Ciotat est née d'une partition de territoire, car voici quelques longs siècles, cette ville faisait partie de Céreste. On disait alors, le port de la cité de Céreste, en gallo-romain : *lou port de la ciéuta de Ceiresta.* Il en est resté Céreste d'une part et la Ciotat d'autre part. Comme Carcassonne et sa cité. Comme Rome et sa cité du Vatican. Et bien d'autres...

Toutes les villes étaient des cités, *de ciéuta*, pour peu qu'elles possédassent des remparts. Comme Pélissanne où l'intérieur des remparts se dit “Dans ville” comme Cannes avec son marché “fors-ville”, ou comme Eguilles avec son quartier “Sur ville”.

La ville était *la ciéuta di ciéutadin*, le centre historique. Quant au bourg, extérieur aux remparts, c'était la ville des bourgeois, qui se prolongeait d'un faux-bourg...

On pouvait donc être *ciéutadin de Massalia*, *ciéutadin de z'Ais*, (citoyen de Marseille, citoyen d'Aix), mais de nos jours on n'est plus *ciéutadin* que de la Ciotat.

C'est la *ciéuta* qui a fait naître la citadelle et le *ciéutadinage*, le droit de la cité, à savoir la citoyenneté.

En Provence, on trouvait la *ciéuta fouceienco*, la *ciéuta sestiano*, la *ciéuta pountificalo*, la *ciéuta Juliano*, la *ciéuta d'Antounin*, la *ciéuta de Constantin*, pour désigner Marseille, Aix, Avignon, Apt, Nîmes et Arles. Et il y avait pour tous la fameuse *ciéuta de santo Repausolo*, La cité de Saint-Repos, celle du sommeil, et surtout du sommeil éternel...

✧✧✧

CLAPIER (Fr. Rég. et Nat.)
CLAPIÉ (Prov.) Même prononciation.

Le clapier français n'a guère de rapport avec le *clapié* de Provence.

Un clapier du Nord, est toujours une cabane à lapins, et par métaphore un appartement modeste.

Pour traduire ce mot français, on doit dire en provençal une *lapinièro,* voire pour les littéraires *uno counihiè-*

ro, formé sur *countiéu* : lapin.

Le mot *clapié* est employé couramment en français régional pour tas de pierres. *Li clapié de la Crau*, les tas de pierres de la Crau, ou *li claparedo* pour le plateau caillouteux dominant le Luberon, entre Apt et Lourmarin.

Ce mot vient de *clap*, éclat de pierre, caillou.

Les paysans ont ramassé les pierres pour les mettre en tas, en *clapié*, afin de dégager leurs terrains pour la culture. Un bel exemple se voit à Gordes, où on a fait mieux que de simples *clapié* en construisant des bories et des murailles avec les *clap*, les pierres récoltées.

Lou clapié ou *lou clapas* pour les grands *clapié* est tellement inscrit dans la culture rurale qu'il a même provoqué des proverbes : *"La pèiro vai toujour au clapié"* (La pierre va toujours enrichir le clapié), c'est-à-dire "L'argent va toujours à l'argent" , ou bien : "Il pleut toujours où c'est mouillé".

Mais il faut dire aussi que *lou clapié* est un refuge pratique pour les lapins des champs. Et c'est de là que la langue française a tiré son clapier à lapin.

Par glissement métaphorique, le lapin de clapier étant très reproducteur, et le lapin en général étant considéré comme un animal très porté sur la chose, on a donné en divers lieux du sud français le nom *de clapié* aux maisons de plaisir... ce qui n'a jamais dû enchanter outre mesure Luc de Clapiers, marquis de Vauvenargues !

✧✧✧

CLAVER et **CLAVELER** (Fr. Rég.) - Se prononce à la française.
CLAVA et ***CLAVELA*** (Prov.) - Phonétiquement c'est Clava et Clavéla.

Claveler vient du verbe *clavela* signifiant clouer. *Jésus fuguè clavela sur la crous* (Jésus fut cloué sur la croix). *Lou cèu es clavela d'estello* (le ciel est cloué d'étoiles).

Ce mot vient de *clavèu* (clou), qui donne en français clavologie, étude des clous. C'est un sujet qui peut s'étudier car le mot “clou” a des dizaines d'applications depuis le furoncle jusqu'aux clous de charpente, en passant par toutes les expressions concernant le clou.

Un clavèu es pèr clavela, un clou est fait pour clouer, et n'a donc aucun rapport avec le verbe *clava* qui signifie fermer à clef. *Lou clavaire* est celui qui ferme et détient les clefs. Un trésorier est un *clavaire*. Mais un *clavié* n'est pas toujours celui d'un piano... Un *clavié* provençal est une chaînette à laquelle les maîtresses de maison accrochaient toutes les clefs des placards et armoires dont elles étaient responsables. *Clava,* c'est aussi fermer et donc terminer : *“clava la sesiho”* (terminer la session).

Pour *claver*, il faut *uno clau* (une clef) qu'on va introduire dans la *claviero* (le trou de la serrure).

On remarquera avec intérêt que pour l'un et l'autre verbe, *clava* et *clavela*, se trouve l'idée d'introduction.

De ce fait, les métaphores sont nombreuses dans le domaine sexuel comme on peut s'en douter.

Qunt ome m'a clavela (Cet homme m'a clouée) est une

locution très précise. Point n'est besoin d'enfoncer le clou si j'ose dire.

En revanche, *aquel ome m'a clava* (cet homme m'a fermée) est loin du sens précédent. Dans ce cas, *clava* est le contraire de *durbi* (ouvrir). *Clava* a donné clore en français. Mais on peut trouver aussi dans cette locution l'idée de séduction. Cet homme m'a fermée aux autres... Il m'a rendu esclave, il m'a *clavée*... La clef qui ferme (*la clau*) a la même racine qu'*esclavoun*, esclave... Mais la clavicule reste toujours la petite clef. La petite clef qui peut ouvrir au plaisir, selon où elle se trouve placée...

✧✧✧

CRIER SÈBE (Fr. Rég.)
CRIDA SEBO (Prov.) - Le “e” de sebo se prononce “é” et le “o” est atone.

Crier sèbe est peut-être moins employé dans les cours d'école où les jeux n'impliquent guère de dépense d'énergie comme dans ma jeunesse.

La première fois qu'on m'a fait crier *sèbe*, c'était en cours de récréation. J'avais le dessous dans la bagarre et mon vainqueur menaçait de continuer si je ne criais pas *sèbe*... Alors j'ai crié *“Sèbe, sèbe”*, sans savoir ce que cela voulait dire. Phonétiquement, le mot *cebo* provençal signifie oignon, mais on ne dit pas “oignon” pour demander pitié, même si on va chercher quelque part que l'oignon fait pleurer et que le perdant, dans une bagarre, pleure sa défaite...

Dans ma jeunesse, bien des jeux consistaient simplement à faire crier *sèbe* à l'adversaire. Le jeu du cheval fondu se dit “jouer à sèbe”. Et certains de ces jeux furent importés par les réfugiés des deux guerres qui, depuis près de cent ans, dans les cours d'écoles du Nord ne crient plus *sèbe*, mais crient “oignon”... Ce qui ne veut plus rien dire ! Car le mot provençal *sebo* vient directement de l'arabe *seibou* et signifie : “Lâche, lâche-moi !” Autrement dit “Pitié, ça suffit, arrête... je me rends...”

Crier *sebo*, c'est donc demander grâce. Et en vieux français “demander mercy”... comme dans l'expression combat sans merci, c'est-à-dire combat sans pitié, qui se traduit en provençal par *coumbat senso sebo*.

De nos jours encore, depuis les Sarrasins d'il y a dix siècles en Provence, on entend parfois crier *sebo* ici ou là... mais ce n'est plus guère compris. On entend “cèbe” et on pense oignon ou cébette. Je n'en veux pour preuve que cet échange entendu dans une cours de récréation entre un Provençal de souche et un néo qui disait : “Pourquoi cries-tu “cébe” si je te fais mal ? Tu n'as qu'à crier “Aïe”, comme tout le monde...”

✧✧✧✧✧✧✧✧✧✧✧✧✧✧✧✧✧✧✧✧✧✧✧✧✧✧

D... comme : Daube – Débouler – Décarcasser – Dégun – De longue – Dévens – Diner – Draille

E... comme : Emborgné – Embouligue – Emmasqué – Encagner – Encaper – Ensuqué – Epinard – Escaner – Escoube – Espigau – Esquicher – Esquine – Etre dans la panade

(LA) DAUBE (Fr. Rég. et Nat.)
(L')ADOBO (Prov.) - Le "o" final atone, soit adobe.

La daube est un plat bien connu, dont on est assez certain qu'il soit provençal. Mais son nom a une double origine, fondue dans la langue française.

La première origine est latine et signifie "arranger en améliorant", et la seconde est saxonne, venue d'une racine linguistique signifiant frapper.

Il est vrai que le mot français "dauber" signifie se moquer, plaisanter méchamment, ce qui est une atténuation de "frapper".

C'est de cette origine germanique que viendrait le mot adouber à propos des chevaliers. Ceux-là recevaient un coup du plat de l'épée pour être adoubés.

D'un autre côté la recette culinaire de la daube viendrait nettement modifier le sens purement français. On dit aussi *adouba* pour faire la daube. Et celle-ci se dit l'*adobo*.

Uno adobo peut se faire avec toutes les viandes (de basse qualité) qui recevront de la noblesse par l'art culinaire. Elles seront en quelque sorte arrangées.

Arrangées, comme un bateau qu'on *radoube* dans un bassin de *radoub*... Ces mots ont la même origine latine : *Ad opus* ; et les Romains, qui adoraient la daube froide, parlaient à son propos de nougât de bœuf. Ce n'est donc pas d'aujourd'hui qu'on fait la daube... et qu'on s'*adoube* en remettant de l'ordre dans ses vêtements. "*Vai te radouba*" veut dire "va arranger ta toilette".

Dans tous les cas, et tout autour de la Méditerranée, le

mot *adouber* signifie, arranger, apprêter, améliorer... Et un *adoubun* est un assaisonnement, une épice qui arrange le plat...

Mais si je me casse un membre, par antiphrase, je dirais : *"Mé siéu bèn adouba"* (Je me suis bien arrangé). Et ce faisant, je dauberai sur ma bêtise... avant qu'on ne daube sur moi.

✧✧✧

DÉBOULER (Fr. Rég. et Nat.)
DESBOULA (Prov.) - Le "s" se prononce "dèss".

Lorsqu'on déboule, c'est qu'on arrive en trombe... au sens actuel qui est un contresens car *débouler*, calqué sur le *desboula* provençal, a le sens de fuite et se dit essentiellement du lièvre ou du lapin qui fuit devant le chasseur.

On *déboule* donc des pieds du chasseur qui dérange, mais on ne *déboule* pas dans un chasseur.

Dans *desboula*, il y a l'idée de fuite et de séparation, de brisure et d'éloignement. Une *desboulado* est une déroute, une fuite. L'origine du mot est *disbullare*, qui signifie briser la boule.

Une boule – ou bulle – était un sceau officialisant un acte. Comme les célèbres bulles du pape. Lorsqu'on *desboule*, on défait la bulle. On la brise afin de rompre l'acte officiel. Et lorsqu'on reçoit une *desboulido*, c'est une raclée. Les notions de séparation et de défaite restent bien présentes dans ces différentes expressions.

Le plus curieux dans le langage moderne est le fameux "perdre la boule" signifiant perdre la tête. On dit aussi perdre un boulon, et dans le boulon il y a aussi la racine boule. Lorsqu'on perd la boule on *desboule* tout simplement.

Cette expression est calquée sur le *desboula* provençal qui signifie déborner une propriété, enlever les signes officiels, les bulles des limites.

Le verbe provençal *se desboula* signifie également se perdre, disparaître par usure ou méchanceté, à propos des bornes d'une propriété.

La boucle se boucle ainsi : lorsqu'on est *desboula*, on a perdu ses bornes. On a donc perdu la boule, c'est-à-dire la boule – ou bulle – qui est le sens commun et moral. On a déboulé !

Autrement dit : si un de vos amis déboule, faites lui rencontrer un coinceur de bulles. Ce n'est pas ce qui manque, non ?

✧✧✧

DÉCARCASSER (Fr. Rég. et Nat.)
DESCARCASSA (Prov.) - La première syllabe se prononce "déss".

Note préliminaire : La métaphore française "se décarcasser" s'est particulièrement répandue par un message publicitaire télévisuel d'un industriel en fines herbes.

Depuis les années 80, M. Ducros se décarcasse

pour nous. C'est pour moi triplement drôle :

- Comment concevoir une "industrie" dans ce domaine ?

- La baptiser de son nom qui signifie en provençal "du tombeau" (dòu cros).

- Utiliser un mot dont le vrai sens est horrifique pour vanter son produit.

Jugez-en donc !

Le verbe se décarcasser est venu du provençal, depuis le latin populaire : *carcasium*, signifiant corps mort.

Carcasium a donné *carcasso* signifiant charpente, donc corps mort, carcasse de bateau, carcasse de maison, avec, dans tous les cas, la signification d'intérieur, de caché.

Une carcasse n'est donc pas visible, ce qui est le cas de la charpente du corps, donc du squelette de tout ce qui vit.

On traduit parfois se décarcasser par *"se leva la pèu"* (se lever la peau du ventre, des fesses, du cul). Mais tout cela ne peut être qu'une image.

Comment se lever la carcasse ? Simplement en se fatiguant, en se crevant au travail, en se mettant en quatre...

Quelqu'un qui affirme se décarcasser ose, si je puis dire, une métaphore hardie qui n'a aucun rapport avec l'origine exacte du verbe *descarcassa,* qui n'était utilisé que pour la fabrication des outres en peau de bouc ou de chèvre. Car pour réussir une outre, il vaut mieux ne pas abîmer la peau de l'animal, et donc il faut sortir tout le contenu du corps par le seul orifice du cou, après avoir coupé la tête qui est totalement inutile pour faire une outre. C'est par le cou que coulera plus tard le liquide avec un robinet ou un bouchon fermeur. Le procédé du *descarcassage* est très simple. Une fois le bouc étêté, on coud solidement l'orifice anal, puis on frappe le cadavre jusqu'a faire exploser sa carcasse.

La peau très solide résiste bien, mais tout l'intérieur de l'animal est broyé en une sorte de purée infâme qu'il suffit d'extraire en morceaux avant de traiter l'outre ainsi obtenue pour qu'elle dure longtemps.

Tout ceci est assez atroce, mais nous devons nous dire que c'est toujours ainsi qu'on pratique le *descarcassage* dans certains pays qui sont "beaux et sentent bon le sable chaud"... avec ou sans les fines herbes du monsieur qui dit qu'il se décarcasse pour nous !

✧✧✧

DÉGUN (Fr. Rég.) - ***DEGUN*** (Prov.)
Même prononciation, finale comme le chiffre "un" .

Le mot *degun* est utilisé dans toute la zone du parler d'oc, des Pyrénées à la Loire et de l'Océan aux Alpes.

Ce mot signifie en provençal, comme en latin : personne, aucun, aucune. C'est la négation "ne", comme *rèn* : ne, rien....

Ai vist degun (Je n'ai vu personne). *I'a degun* (Il n'y a personne).

Degun n'es tourna dóu campo-santo (Personne n'est revenu du cimetière). *Quel ome es degun* (C'est un homme de rien). *Sièu ana au balèti de la voto. Ai pas vist uno pichoto que me faguèsse envejo ... Pèr iéu i'avié degun.* (Je suis allé au bal de la fête votive et je n'ai pas vu une petite qui me fasse envie... Pour moi il n'y avait personne). La notion d'absence, de manque, est essentiellement présente dans ce mot. C'est la nullité exprimée complètement.

Mais on exagère quelquefois, avec par exemple le proverbe : *Qu n'a qu'un ami, n'a degun* (Qui n'a qu'un ami n'a personne). Ou encore : *Qu n'entèn qu'un n'entèn degun* (Qui n'entend qu'une cloche n'entend qu'un son ! si on traduit le sens français).

Dans ces deux proverbes, l'absence n'est pas totale, mais le *degun* fait image. En fait il signifie “pas grand monde”.

On doit attirer l'attention également sur la notion d'absence et de vide humain face à une entité administrative ou une foule...

Lou coumun, la communauté des gens d'un même lieu, fait l'objet du proverbe : *Qu sèr lou coumun, sèr degun* (Qui sert la communauté ne sert personne).

Le *degun* fait ici ressortir la notion d'irresponsabilité de celui qui sert un groupe humain. Qu'il soit fonctionnaire ou élu. Et je le dis *sènso ges de crento* (sans aucune honte)...

✧✧✧

DE LONGUE (Fr. Rég.)
DE LONGO (Prov.) - Prononciation Dé longue. Le “e” est atone.

Combien de fois entend-on chaque jour : “Et *de longue* il faisait des carreaux”... “Il m'a gonflé *de longue* toute la journée”... “Elle est *de longue* devant la glace pour *se pinter le mourre*” (Ce qui se traduit en bon français par “Elle est tout le temps devant le miroir pour se farder le visage”).

La locution *de longue* qu'on croit très moderne est une transcription francisée du provençal *de longo* qui signifie précisément : assidûment, continuellement, sans cesse.

Cette locution *de longo* vient du mot *long* provençal, qui est passé au français avec la même orthographe, la prononciation étant différente. Le “long” français est assez court, si on peut dire, alors que le *“long”* provençal s'étire avec prononciation nasale. *Vau pas parla de longo* (Je ne vais pas parler sans cesse).

En provençal, la phrase est courte et claire... En français de Paris, qui avale ses “e”, cela l’est moins : “J'n vais pas perler san-cesss...” Peu importe en vérité, que *siègue longo* ou long. '*Quéu mot es bèn de Prouvènço... E segur que vèn dou latin*. Ce mot vient du latin *longus*, tout comme large, qui se dit *largus* et devient *larg* en provençal.

Et quand je vous aurais dit *de longue* que le mot longtemps a la même origine que les précédents, vous conviendrez avec moi que les Méditerranéens ont toujours eu la notion du temps, même s'ils sont réputés parler *de longue*...

✧✧✧

DÉVENS ou **DÉFENS** (Fr. Rég.)
DEVENS ou ***DEFENS*** (Prov.)
Prononciation identique : Dévinsss et Définsss, avec dernière syllabe nasale.

Si on prononce *devens* à la parisienne, on peut se demander s'il s'agit de *deuvèn* ou d'un *deuvin*... d'où certaines explications bizarres à propos d'un devin qui aurait vécu dans ce quartier.

Or, dans un *devens*, il n'y a jamais de prophète ou de "devineur", même si les bergers des temps passés étaient parfois considérés comme sorciers. Car, un *devens* ou une *devenssioun* est toujours un pâturage réglementé dans un bois communal.

Tous les quartiers signalés comme étant du *devens*, de la *devention* (du *defèns*, du *devèns*), furent dans les temps passés des lieux où les bergers faisaient paître selon certains règlements communaux.

Ce mot provençal d'origine latine et gallo-romaine a donné le verbe *devensa* qui signifie qu'on met une terre en *défens*.

Tout en Provence se peut *defensa*. Un *bos*, une *terro*, un *oustau*, e *tambèn une femo* (Un bois, une terre, une maison et aussi bien une femme) peuvent être interdits...

"Vòuli pas faire lou capelan que li femo soun en defens (Je ne veux pas faire le chapelain car les femmes sont défendues).

Ainsi, les quartiers du *defens* sont assez loin des

devins... qui devinent et sont des *devinaires*, d'autant plus proches des dieux que leur nom vient de *divinus* en latin.

Et tous ceux qui pensent habiter dans le quartier du devin-sorcier ou prophète sont peu perspicaces. *Coume se dis, soun de devinaire di fèsto vengudo* (Ils devinent les fêtes lorsqu'elles sont passées).

Ce proverbe signifie que ces devineurs-là ne prophétisent l'événement qu'après que celui-ci soit survenu. Autrement dit : *"Quand an la man dessus dison qu'es de merdo..."*

✧✧✧

DINER (Fr. Rég. et Nat.) - Avec sens différent.
DINA (Prov.)

En Provence et dans tout le Sud on dîne à midi... et on soupe le soir... tandis qu'on déjeune le matin...

On sait très bien chez nous qu'on ne peut pas prendre un petit déjeuner pour déjeuner ensuite, étant donné qu'on ne peut pas rompre le jeûne deux fois. Il n'y a que le matin qu'on peut *desjuna*, s'enlever le jeûne. Et c'est vrai que ces vieux mots sont typiquement paysans, du temps où la ruralité avait des racines plantées sur vingt siècles de romanité.

Le *desjuna* servait à enlever le *jun* du corps. Le dîner était le repas pris pendant qu'il faisait jour (racine latine probable avec *diurnare* qui a donné diurne). Quant au souper, il était essentiellement constitué de soupe, d'où son nom.

Les nordiques "petit-déjeunent", déjeunent à midi, et dînent le soir... et ont perdu le sens de leurs racines.

Au XIXe siècle déjà, les bourgeois en plein effort de francisation dans les villes du Sud avaient modifié les heures du dîner. Ils se mettaient à table à midi. Mais les paysans continuaient à dîner selon les horaires solaires, et ils dînaient entre huit heures et midi. Ils soupaient entre dix-sept et vingt et une heures, selon la saison.

Ce sont les implications des horaires qui ont tout uniformisé dans les provinces.

Même au temps des moissons modernes avec les engins rapides, la tradition reste vivace. Certains moissonneurs, en Provence, continuent le rythme ancien des six repas quotidiens. Au lever, *lou tue-verme*, le tue-vers, un peu de liquide, café ou alcool, parfois pour "tuer le vers", puis à huit heures déjeuner, à onze heures dîner, à seize heures goûter, à vingt et une heures souper... et à l'heure du coucher un petit réveillon pour ne pas avoir faim pendant la nuit... C'est comme au bon vieux temps... sans cholestérol !

✧✧✧

DRAILLE (Fr. Rég.) - ***DRAIO*** (Prov.)
Prononciation identique, avec le "o" atone.

Ce mot n'est pas souvent employé en ville, *mai es èmplega dins tout lou mièjour. Draille* est en effet un de ces mots qui traversent les siècles car il est lié au sol et aux activités humaines.

Une *draio* est un chemin rural plus spécialement affecté au passage des troupeaux. C'est une piste de transhumance. Ainsi la *grand draio* d'Arles aux Alpes passait à Aix. C'était le chemin de la transhumance conduisant les troupeaux de la Crau, sèche en mai, vers les Alpes vertes et nourricières.

Avant que ne soit construit le cours Mirabeau, lorsque la cité était ceinte de remparts, les immenses troupeaux étaient parqués dans les espaces vierges au sud de la ville, à l'emplacement actuel de la gare routière, du Casino, de la poste centrale... et la grande fontaine au centre du cours Mirabeau leur était réservée (fontaine des neuf canons).

D'Aix, les troupeaux remontaient vers les Alpes par d'autres drailles qui évitaient le trafic des routes. C'était *li draio di pàti* – les chemins des pâturages ! Un *pàti* est en effet un pâturage sauvage, et l'expression *"vai au pàti"*, lancée à quelqu'un, signifie en bon français qu'on l'envoie paître.

La draille peut être aussi un *draiòu*, un sentier, une *draiolo*, un chemin rural, un *draioulet*, un petit sentier, et même une *draiouleto*, une petite sente, comme celle qui sent bon la noisette dans la chanson de Mireille et Jean Nohain...

Mistral pensait que *draio* venait d'une lointaine origine, et rapprochait ce mot du sanscrit *dram* qui signifie trace, et de l'hébreu *derek* signifiant voie ou passage... ce qui ne manquera pas de nous faire rêver car le seul Derek que je connaisse est le nom de la superbe actrice Bo Derek !

Sachant désormais qu'une Derek peut être un sentier ou une draille, je sens que je vais essayer d'approfondir le sujet...

✧✧✧

EMBORGNÉ (Fr. Rég.) - Prononciation : amborgné.
EMBOURGNA (Prov.) - Prononciation : imbourgna.

Le mot *emborgné* se dit éborgné en français et *embourgna* en provençal.

La racine gallo-romaine de ce mot est *bourgnus*, qui viendrait du latin *monoculus*, ce dernier mot ayant donné monocle...

Mais personne ne peut expliquer comment on est passé de *monoculus* à *bourgnus*. En tout cas, *bourgnus* est un mot qui a fait carrière puisqu'on le retrouve dans la plupart des langues du Sud, mais aussi en bas breton !

C'est donc depuis plus de quinze siècles qu'on *s'emborgne* en Provence, et le mot a donné naissance à une foule de proverbes qu'on peut retrouver en français.

Quant aux hôtels borgnes, ils n'ont jamais été *emborgnés*, mais comme ils ont les volets clos, leurs ouvertures sont aveuglées. Et il est très curieux de constater qu'un hôtel borgne français aux fenêtres aveuglées reste défini par un vrai mot provençal, puisque le mot *bourgne* signifie aussi aveugle en vieux provençal.

Mais tout cela n'empêche pas qu'en Provence on continuera à *s'emborgner* tant qu'on fera des enfants. Ce qui se dit *embourgna li gàrri.* (*emborgner les rats*)... bien que tous les trous ne soient pas des trous de rats...

✧✧✧

EMBOULIGUE (Fr. Rég.) - Pron. : ambouligue
EMBOULIGO (Prov.) ou ***EMBOURIGO***
Prononciation : imbouligue.

Aujourd'hui on va se regarder *l'embouligo...* c'est-à-dire le nombril. C'était le signe particulier du premier homme (papet Adam) qui n'avait pas d'*embouligo* comme on le sait.

En Provence, on se gratte l'*embouligo*, on croit que son *embouligo* est le nombril du monde, exactement comme ailleurs.

Mais en plus, on a une malédiction spéciale qui dit : “Maudit soit celui qui t'a lié l'*embouligue*” (*Màu-dit qu t'a liga l'embouligo*). Sous entendu, il aurait mieux fait de te laisser crever !

En Provence, seuls les habitants de Graveson ont droit au sobriquet d'*embouligo de bos*, parce qu'une vieille plaisanterie prétend que tous les enfants de Graveson ont à leur naissance leur *embouligue* accrochée au clocher du village. Et que ces *embouligue* absentes ont été remplacées par des bouchons de bois (*tap de bos*). Le clocher de Graveson possède des petites feuilles d'acanthe, enroulées sur ses arêtes, qui ressemblent à des *embouligo*.

L'*embouligo* provençale est de racine latine *umbilicus*, et sa prononciation se fait presque de la même façon autour de la Méditerranée, mais ici on a un dicton spécial qui dit : *"Degun se pren l'embouligo amé li dènt"* (Personne ne se prend le nombril entre les dents). Autrement dit, à l'impossible nul n'est tenu.

✧✧✧

EMMASQUÉ (Fr. Rég.) - Prononciation : anmasqué.
ENMASCA (Prov.) - Prononciation : inmasca.

Ce mot d'étrange français déroute les non-Provençaux, par exemple dans l'expression : "Je suis *emmasqué*..." On aura beau regarder attentivement celui qui se prétend *emmasqué*... on ne lui trouvera aucun masque sur le visage.

Ailleurs que dans le sud de la France, on ne s'enmasque ou on ne se masque que pour le temps de carnaval ou des soirées costumées. En Provence, on est *emmasqué* lorsqu'on n'a pas de chance au jeu, dans les affaires, au travail ou dans la vie quotidienne.

On est aussi bien *emmasqué* lorsqu'on perd dix "briques" que lorsque le mouchoir en papier se déchire quand on se mouche. Tout est relatif, mais le fameux *masc* est bien là. C'est le sorcier. Un *masc* en provençal est un sorcier... ou une sorcière (*masco*).

Et lorsqu'un *masc* provençal vous jette un sort, il vous *emmasco*. Par suite, lorsqu'on se croit *emmasqué*, c'est qu'on a le mauvais œil ou qu'on imagine être victime d'un sort maléfique !

Tous les lieux provençaux comportant le mot *masc*

n'ont généralement pas bonne réputation, comme *la Valmasque* en Luberon (la vallée des sorciers), ou *lou roucas di Masc*, nom d'un rocher près du Paradou non loin des Baux.

Il y a beaucoup de lieux où les vieux Provençaux voyaient des demeures de sorciers jeteurs de sorts. Mais ce nom de *masc* nous a donné en français le mot mascotte qui, jusqu'à preuve du contraire, est considérée, comme porte-bonheur !

✧✧✧

ENCAGNER (Fr. Rég.)
ENCAGNA (Prov.) - Prononciation : incagna.

Eh oui, on s'*encagne* facilement chez nous en Provence. Si on est supporter de l'OM, on peut s'encagner les jours de défaite... ou plus simplement s'*encagner* contre la malchance, contre la pluie, le soleil, son patron, le gouvernement, les impôts. Les sujets d'*encagnement* ne manquent pas. Car on s'*encagne* si on se met en colère, si on est irrité ou courroucé.

Mais on peut aussi s'*encagner* pour réussir quelque chose, et dans ce cas, ce n'est plus de la colère, mais une “grosse” volonté d'aboutir.

On peut aussi *encagner* quelqu'un, ou un animal. Dans ce cas, on devient un *encagnaire*, c'est-à-dire celui qui irrite ou taquine méchamment l'autre... jusqu'à le mettre en colère.

L'acharnement, c'est-à-dire l'encagnement, peut être

mis à toutes les sauces, depuis l'*encagnement* du professeur pour instruire ses élèves, en passant par l'*encagnement* de l'avant-centre qui veut marquer un but, jusqu'à l'ardeur amoureuse...

'*Quéu picho es un calignaire encagna.* Cela veut dire : “Ce petit est un amoureux acharné”.

Mais en général, l'*encagnement* est une affaire d'irritation et de colère. Et la plupart du temps on s'*encagne* contre quelque chose ou quelqu'un.

La nuance n'est pas toujours facile à saisir car on peut, si on prend l'exemple des grèves, s'*encagner* contre son employeur et être *encagné* à poursuivre la grève.

Ce mot de français régional ne doit pas être sorti de son contexte. Il faut toujours une raison pour être *encagné* ou s'*encagner*. Et ne me contredites pas, sinon je sens que je vais m'*encagner*...

✧✧✧

ENCAPER (Fr. Rég.)
ENCAPA (Prov.) - Prononciation : incapa.

Encaper, ne veut rien dire pour un Lyonnais qui, à la rigueur, peut imaginer que ce verbe vient de la navigation maritime. Eh oui, dans *encaper* il y a cap, comme prendre le cap.

En réalité, *encaper* est la francisation du verbe provençal *encapa* qui signifie comprendre avec sa tête, parce que *lou cap*, c'est la tête. Mais ce verbe signifie aussi : réussir, atteindre, rencontrer, mais dans ce sens on dit de préférence *capita ai bèn capita* (j'ai bien capité) : j'ai réussi.

Encaper ou *capiter* sont quasiment synonymes. “Si je t'encape” est la traduction de *“se t'encape”* (si je t'attrape) et *“se te capite”*. Et même une idée peut s'attraper. Car elle ne s'attrape qu'en étant bien comprise... avec la tête (ou *cap*).

Ai encapa la bono draio e dóu cop ai capita (J'ai pris le bon chemin et de ce fait j'ai réussi).

Mais disons tout de même aux Nordiques, peu familiers de français régional provençal, qu'*encaper* est aussi utilisé en terme maritime pour trouver le bon cap, et en vocabulaire d'habillement pour se mettre une cape. C'est aussi l'action de marteler une faux pour l'amincir avant de l'aiguiser avec une pierre pour lui donner du tranchant, ou l'action de marteler une meule de pierre de moulin pour lui donner du mordant et la repiquer.

En fait, *encaper* se place dans beaucoup de phrases si le mot se trouve en situation... et c'est pareil pour *capiter*.

Cependant, dans tous les cas, il s'agit de réussite, de compréhension, de chance aussi : *Ai bèn capita*. (J'ai eu de la chance).

Ai maù encapa (J'ai mal encapé. Je me suis trompé de sens).

Ces deux mots sont construits sur la racine *cap* et leur sens est compris tout autour de la Méditerranée... ce qui reste capital pour bien s'*encaper* et *capiter* la conversation de l'interlocuteur.

✧✧✧

ENSUQUÉ (Fr. Rég.)
ENSUCA (Prov.) - Pron. : insuca.

On dit couramment : “Le soleil *ensuque*”. Ou encore : “J'ai failli m'*ensuquer* contre une branche”. Et dans ces deux cas comme dans bien d'autres, il s'agit d'exprimer un choc sur la tête.

Ainsi le soleil frappe fort sur la tête, ou bien j'ai failli frapper de la tête contre une branche.

Le verbe provençal *ensuca* est donc passé dans le langage régional avec d'autant plus de facilités que le mot *su* signifie “dessus de la tête” en provençal (mais aussi suc, c'est-à-dire le meilleur, le plus important chez l'homme et dans toute la création).

Un su pela est une tête chauve et un *ensuca* est une tête frappée par un coup violent ou par un coup de soleil. On peut dire aussi : “ce type est *ensuqué*”. Dans ce cas, le type en question est un peu bizarre, un peu frappé... ou un peu dingue, comme s'il avait reçu un coup sur la tête. Ainsi ce verbe de français régional est-il mal connu, même s’il est très employé dans son sens authentique. Mais il est intéressant de comparer le mot provençal *su* (tête) avec le français “en sus” qui signifie “au-dessus de” avec la notion de sommet...

Tout cela vient de loin, et en Provence le verbe *ensuca* est employé depuis une dizaine de siècles en signifiant toujours“ coup sur la tête capable de tuer”. *Ensuca un biòu* signifie tuer un bœuf en l'assommant.

Mistral raconte qu'à la Verdière dans le Var, un cadran solaire offre la devise : *tóuti matrassoun, la darriera ensuco* (toutes blessent... sous-entendu les heures qui passent... et la dernière tue).

✧✧✧

EPINARD (Fr. Rég. et Nat.)
ESPINARC (Prov.) - Prononciation : éspinar.

L'épinard, mot bien français de nos jours, désigne on le sait bien le délicieux légume diététique bourré de vitamines qui a fait la gloire du marin Popeye, sponsorisé par les négociants en épinards ! Le *spinach* américain n'en est pas moins latin, et donc provençal, par ses lointaines origines orientales.

Son nom tiré d'*espino* (épine) n'a pas de rapport avec son apparence douce et verte, mais avec ses graines très épineuses, au point qu'on traite facilement quelqu'un d'épinard parce qu'il est piquant !

On dit aussi que le début des guerres de religions en Provence est dû aux graines d'épinards, *li grano d'espinarc* !

Le 25 août 1562, en effet, les catholiques provençaux d'Aix avaient l'habitude d'aller en procession à l'ermitage de Saint-Marc sur le chemin du Tholonet... et ils y allaient pieds nus en signe de pénitence.

Des farceurs huguenots semèrent des milliers de graines d'épinards sur le parcours de la procession. On imagine donc le résultat de cette oursinade pédestre qui déclencha la colère catholique en même temps que les guerres entre chrétiens. Cette anecdote est entrée dans l'histoire provençale sous le nom de “Journée des épinards” !

On ajoute parfois que le proverbe “Frais comme un épinard bouilli” vient de ce jour et concernait les catholiques piqués au vif et bouillants de colère.

Il n'en reste pas moins que même la joute amoureuse fait référence aux épinards... car lorsqu'on contait fleurette en Provence on était sensé *“fricassa lis espinarc”*... c'est-à-dire attendrir la demoiselle qui, comme les épinards, pouvait avoir quelques piquants pour peu qu'elle soit montée en graine. Et lorsqu’on “fricasse”, on fait passer à la poêle… ce qui est logique pour cette locution puisqu’il est envisagé de faire passer la demoiselle “à la casserole”.

✧✧✧

ESCANER (Fr. Rég.) - ***ESCANA*** (Prov.)

Les *escaneurs* qui *escanent* en Provence, c'est quoi pour un Nordiste ?

On croit généralement connaître le sens de ce mot de provençal francisé, venu du verbe *escana* transformé en *escaner* par la langue populaire, qui sait aussi dire à l'occasion *escanaire*, *escanage*... en sous-entendant la notion de vol “Je me suis fait *escaner*”, cela est bien compris par tous les Provençaux, comme “je me suis fait avoir, je me suis fait voler, je me suis fait escroquer”.

Mais si je vous dis qu'on peut très bien s'*escaner* de rire ? Là se pose un problème, tout comme pour "Je suis *escané* de soif".

En vérité, à l'origine, le verbe *escana* construit sur le *scannare* italien, signifie étrangler, étouffer, resserrer la gorge.

Et, en Italie, un *scannatoio* signifie toujours coupe-gorge et lieu dangereux. On dit en provençal *escanadou*..

En latin, le *scamnum* définissait les branches d'arbres étranglées par les vignes grimpantes. Cette technique de culture faisant escalader ou écheller les vignes sur les arbres se pratique toujours dans les campagnes italiennes. Elle permet de hisser les raisins assez haut pour que le bétail ne les pâture pas.

Le glissement du mot très fort "étrangler" vers un mot plus faible de contenu comme "voler", s'est fait au cours des siècles... et *escaner* nous est parvenu pour être employé au quotidien s'il y a lieu.

Mais si on pratique le provençal, le mot *rauba* doit s'employer pour le verbe voler (dérober) et le verbe *voula* pour voler dans les airs.

Il faut donc se souvenir qu'*escana* signifie étrangler, et que par suite on dit naturellement un *camin escana*, un chemin étranglé, ce qui est loin de signifier volé. En revanche une porte dérobée deviendra en provençal *uno porto escondudo*, une porte cachée.

De toute façon, c'est sûrement un financier qui a fait dériver le sens du mot *escaner,* en étranglant son client par un prêt usuraire !

✧✧✧

ESCOUBE (Fr. Rég.) - ***ESCOUBO*** (Prov.)
Prononciation identique, le "s" est prononcé dans les deux langues et le "o" reste atone.

L'*escoube* est le balai, avec tous ses dérivés : *escoubeto*, c'est balayette, *escoubihage*, c'est le balayage, *escoubasso*, un gros balai. "Je me suis fait *escouber*" veut dire : j'ai été balayé, ou renvoyé, ou j'ai perdu au jeu. Une *escoubeto* de plumes est un plumeau, et les *escoubiho* sont les balayures. *"Fau escouba davans l'oustau"* signifie, comme en français, qu'il faut balayer devant sa porte.

Comme disait le vieux proverbe du temps où les filles n'avaient pas la permission de courir les rues : *"Entre fiho et escoubiho, sian pas luen de l'oustau"* (Dès qu'on voit les filles et les balayures, on n'est pas loin de la maison).

Ce mot, à peu de variante près, est utilisé tout autour de la Méditerranée car sa racine est latine. L'*escoube* traditionnelle est faite d'un manche et de branches feuillues ou pailles diverses attachées à celui-ci.

Ce qui explique qu'on dise parfois d'une dame mal habillée, donc mal fagotée, qu'elle ressemble à une *escoube*...

✧✧✧

ESPIGAU (Fr. Rég.) - ***ESPIGÀU*** (Prov.)
Prononciation : éspigaou, identique dans les deux langues.

Voici un mot provençal très souvent mal prononcé. Notamment par certains vétérinaires.

"Si votre chien s'énerve et gratte son oreille, c'est qu'il est peut-être victime d'un *spigaou...*"

Si le vétérinaire dit cela à propos de votre chien, cela signifie qu'un *espigau* est entré dans l'oreille du chien et qu'il n'arrive pas à s'en débarrasser.

Un *espigau* provençal est une herbe folle, une sorte de seigle, une mauvaise herbe... et son nom est formé sur le latin *spica* qui signifie tout simplement épi.

L'*espigau* est un nom générique, c'est l'épi en général, et la langue provençale précise toujours *espigo de blad* (de blé), *de civado* (d'avoine), *espigoun* (petit épi), *espigo de blad de barbarié* (épi de blé de barbarie, c'est-à-dire maïs), etc.

Il n'empêche que l'*espigau* qui, avec ses barbes, s'accroche dans une oreille de chien, doit être immédiatement extrait, sous peine d'infection. Le chien vous en sera reconnaissant...

Même s'il ne s'agit que d'un *espigouloun* (un petit épis), le vétérinaire devra *espigouta*, verbe formé sur les mots provençaux *espigo* et *ota,* pour précisément ôter les débris, nettoyer, scruter l'oreille...

En provençal, *espigouta* signifie également examiner.

Donc n'hésitez pas à dire à votre vétérinaire qu'il faut absolument qu'il *espigoute* l'oreille de votre chien pour enlever l'*espigau.*

Ce sera du franco-provençal aussi correct que possible, et toujours meilleur que le *spigaou.*

✧✧✧

ESQUICHER (Fr. Rég.) - ***ESQUICHA*** (Prov.)

Le mot *esquicher* vient directement du provençal et s'emploie le plus couramment du monde dans la conversation.

“Quel couillon je fais... Je viens de m'*esquicher* les doigts en fermant la porte“. Ou bien : “*Esquiche*-toi que tu prends toute la place”. Ou encore : “Si tu t'enlèves pas de là, tu vas voir comme je vais t'*esquicher*”. Et aussi “N'*esquiche* pas ce bouton sur ta joue, ça va te faire une marque”.

Le mot profrançal *“esquicher”* est tiré du verbe *“esquicha”* qui signifie presser, serrer, étreindre, compresser, pressurer, opprimer, rosser... et bien d'autres choses encore.

Dans tous les cas, la notion d'écrasement est présente. D'où le nom de la rue *esquicho coudo* qui nomme à Aix-en-Provence une rue tellement étroite qu'on n'y peut circuler sans avoir les coudes serrés au corps.

Je connais une autre rue de ce type à l'Isle-sur-Sorgue, encore plus étroite, qui se nomme *esquicho mousco.* Même les mouches qui y volent doivent serrer leurs ailes ! Mais c'est un peu exagéré. Le trait est caricatural comme il se doit en Provence, simplement pour forcer l’image.

On dit aussi un *esquicha* pour un radin, une *esquichado* pour une bigotte, *uno esquichaduro de gargamelle* pour un étranglement, un *esquichaire* pour celui qui n'ose pas se mettre en avant, qui “s'écrase” comme on dit à présent sans savoir que le verbe s'écraser, argotiquement utilisé, est la traduction littéraire de s'*esquicher*. Quant à l'*esquichage*, c'est le serrement... la compression... on peut donc *esquicher* un bouton, une fille, un fruit mûr, une tomate... ou même faire comme tous les constipés du monde... *S'esquicha coumo un reinard que cago.*

Et permettez-moi d'*esquicher* la traduction de cette locution proverbiale provençale, c'est-à-dire de m'écraser en l'écrasant, de m'*esquicher* en l'*esquichant*.

✧✧✧

ESQUINE (Fr. Rég.) - ***ESQUINO*** (Prov.) - Le “o” est atone.

Note préliminaire : Le français régional et le provençal emploient de préférence le mot esquine pour parler de la cadeno (la chaîne). C'est cette chaîne qui, formée des vertèbres, a donné l'échine en bon français. On dit en provençal “lis esquino”.

L'*esquine* vient au moins du grec ancien et concerne tout le monde, puisque chacun de nous possède une *esquine*. Une *esquine* (l'échine) est une colonne vertébrale et par extension l'ensemble du dos humain. Mais si on dit “je me suis esquinté”, cela signifie, je me suis échiné, car le verbe *esquinta* provençal est aussi de la même racine.

L'*esquino* peut prêter à confusion à propos des crustacés, les *esquinades*, qui eux n'ont pas de vertèbres. Mais dans ce cas, c'est la forme du dos, de l'*esquine*, qui est prise en compte. Comme pour un bureau dos d'âne qui se dit *"burèu en esquino d'ase"*. Le bureau non plus n'a pas de vertèbres !

Tout ce qui est bossu est une *esquinado*, crabes, favouilles et des dizaines d'autres... et, par suite, un bossu qui a l'*esquine* difforme devient logiquement lui aussi une *esquinade*, d'où le proverbe marseillais énoncé à la vue d'un bossu : *"A fa mistrau, a jita lis esquinado en terro"* (Il a fait un mistral... qui a jeté les *esquinades* à terre).

Et lorsqu'on fait l'*esquinetto*, c'est qu'on offre la courte échelle à un ami. On peut aussi porter à l'*esquinette*, c'est-à-dire porter sur le dos à califourchon...

Mais je ne vous recommande pas d'aller commander chez votre boucher de l'*esquine* de porc. Il n'est pas sûr qu'il comprenne que vous désirez de l'échine de porc, même s'il se sert d'un *esquinau*, qui est un lourd couteau pour partager les vertèbres du cochon !

Enfin si vous avez tout sur l'*esquino*, c'est que vous n'avez guère autre chose que vos vêtements... sur le dos, ce qui est déjà bien, même s'ils sont *esquintés* (abîmés, usés, échinés).

✧✧✧

ETRE DANS LA PANADE (Fr. Rég. et Nat.)
VIEURE DE PANADO (Prov.)
Se prononce : vièouré de panado et signifie “vivre pauvrement”.

On croit généralement que cette expression vient du vieux français, mais la *panado* arrive en *directissimus* du latin, via le provençal, dans la langue française, comme tous les mots construits sur le pain.

Le pain, celui du boulanger, le *panis* des Latins, était un mot inconnu du Nord jusqu'à l'arrivée des blés du Sud. Et le mot lui même a suivi avec tous ses dérivés.

Panado vient donc de pain, et il s'agit d'un plat misérable, d'un plat d'hyper-pauvre. D'où l'expression de français populaire “être dans la panade”. Cette locution n'existe pas en langue provençale, car même un plat de panade était un plat considéré avec respect comme le pain lui même. On dit *“Vièure de panado”* (vivre de panade). Et puis c'est très bon la *panado* ! Selon la recette provençale de cette soupe très simple : de l'eau, du sel, de l'huile d'olive, un jaune d'œuf et de la croûte de pain qu'on laisse longtemps mitonner.

Cette soupe fut longtemps la seule nourriture des bébés en cours de sevrage et des vieillards édentés.

Elle était d'une telle qualité qu'un bébé ainsi nourri était surnommé un *panadou*, ce qui signifiait ravissant, c'est-à-dire aussi, par jeu de mot, digne d'être volé, enlevé, ravi, tellement il faisait envie.

Pour les vieillards, la *panado* des édentés était agrémentée d'oignons frits et d'herbes des collines.

Cette *panado*, sans les aromates, pouvait aussi servir d'onguent contre les meurtrissures lorsqu'on l'appliquait chaude sur les traces de coup, pour faire sortir le bleu de l'ecchymose.

C'était quasiment une panacée... la *panacéio* provençale, dite aussi la main de Dieu !

✧✧✧✧✧✧✧✧✧✧✧✧✧✧✧✧✧✧✧✧✧✧✧✧✧✧

F... comme : Fada – Faire du foin – Farigoule – Ferrage – Festival – Flirt – Foreign Office – Fre

G... comme : Gala – Galavard – Galinette– Gamelle – Ganarre – Gaugalin – Gibassié – Gros souper – Guincher

FADA (Fr. Rég.) - ***FADA*** (Prov.)

Note préliminaire : Voici un mot très méconnu et très employé... mais ce mot cache beaucoup de choses !

Quelqu'un qui est *fada* n'a pas perdu la raison... Il n'est pas fou. Il est enféé, il est sous le charme des fées (di *fado*).

Fada est un verbe infinitif provençal qui se disait en vieux français *faer*, mais la langue française n'a rien créé avec le *fado* provençal qui signifie fée.

Sauf Georges Sand qui créa la *Fadette* (Le Berry est très près du pays d'Oc).

Le provençal admet qu'un *fada* est un être enchanté par la magie d'une fée, mais en aucun cas il ne s'agit de folie au sens fort.

Un *fada* peut être un niais, un nigaud, un imbécile, mais il est ainsi défini par le regard des autres.

C'est ce qui arriva au génial architecte le Corbusier lorsqu'il construisit sa cité radieuse, boulevard Michelet à Marseille. Elle surprenait tellement les Marseillais voici un demi-siècle qu'ils la baptisèrent "La Maison du fada.". Mais, ce faisant, le peuple marseillais fut lui-même visité par les fées provençales, ayant donné le nom qui convenait le mieux à cet immeuble construit sur des terrains qui au XVIIIe siècle se nommaient *"Lou fada"*... C'est-à-dire l'endroit enchanté par les fées. Le charme magique opéra donc fatalement. Puisque *fado*, la fée en provençal, vient du latin *fatum*, c'est-à-dire destin...

C'était donc fatal.

Mais il n'empêche que tous les commerçants détaillants qui pratiquent l'argot provençal continuent à rendre leurs clients *fadas*... et cela sans le savoir. En effet, lorsqu'un commerçant fait un bon poids, lorsqu'il fait un petit cadeau en plus à son acheteur, il le *"fade"*. "Té vé, je vous ai *fadé*".

Et le client fadé est ravi... sans songer un instant que le *"fade"* ou le *"fadage"* du commerçant est l'égal du charme jeté par une fée...

✧✧✧

FAIRE DU FOIN (Fr. Rég. et Nat.)
FAIRE DE FÈN (Prov.)- Pron. : faïré dé fin.

Note préliminaire : On peut affirmer que la langue provençale n'utilise plus cette locution qui se comprenait logiquement en Provence tant qu'on y parlait grec ou latin.

Cette locution argotique que l'on croit aisément d'origine française est loin de l'être.

"Il a fait un foin du diable". Ou bien "Elle a fait un brave foin".

Voici deux expressions, la première du Nord, la seconde du Sud, qui ont le même sens et signifient approximativement "Il a fait un scandale, il a tempêté, juré, hurlé".

Que vient donc faire le mot foin dans cette locution ?

C'est toute une histoire qui nous vient des Grecs et des

Latins. Un *fenat* est un porteur de foin (du latin *fenum*). Ce mot provençal, *fenat,* définit un mauvais garçon, chercheur de bagarre, quelqu'un dont il faut se méfier...

Ce porteur de foin est baptisé ainsi par métaphore depuis au moins trente siècles en ruralité pastorale gréco-latino-provençale... car les gardiens de vaches et de bœufs garnissaient de foin les cornes des animaux caractériels.

Ainsi, un bœuf agressif était signalé comme dangereux par les bouquets de foin qui étaient attachés à ses cornes et il convenait de passer loin de cet animal devenu *fenat*.

L'expression moderne "faire du foin" vient directement de cette prudence multi-séculaire qui désignait par le foin les mauvais sujets du troupeau.

Et, de nos jours, quelqu'un qui "fait du foin" n'est rien moins qu'un individu qui se signale à la société dans laquelle il vit en la scandalisant.

Le *fenat* provençal a son équivalent grec qui signifie fourbe... et en turc un *fena* est un mauvais.

Selon l'adage latin il faut toujours fuir les gens qui portent du foin à la corne, mais pour éviter l'allusion métaphorique, on ajoutera pour mémoire que les porteurs de foin étaient la plupart du temps des taureaux agressifs... parce que non castrés.

✧✧✧

FARIGOULE (Fr. Rég.) - ***FARIGOULO*** (Prov.) - Même prononciation avec "o" atone.

Un mot qui est mis au propre et pas au figuré, dans toutes les sauces, puisqu'il s'agit de *farigoule* ou *ferigoule,* ou *frigoule.*

La *farigoule* a beaucoup donné aux hommes, non seulement en cuisine mais aussi pour la magie blanche des herbes soignantes, et encore pour baptiser certains lieux comme Notre-Dame-de-Frigolet. Et là, c'est une erreur, car tous les lieux dénommés *frigolet*, *frigoulié* et par extension *farigoulié* n'abritent pas forcément de la *farigoule.* En revanche, ce sont toujours des lieux secs, sauvages et froids. Outre le Frigolet de la montagnette, on connaît en Provence quelques centaines de lieux nommés *frigouliés*, même s'ils n'offrent pas de *farigoule* à cueillir.

Cette plante tant aimée pour son parfum le fut aussi par les Républicains de 1848 qui, en Provence, l'avaient prise pour emblème en chantant :

Planten, la ferigoulo, Républican, arrapara !
Fasen, la farandoulo e la Mountagno flourira...

Fleur républicaine donc, car poussant sur "la Montagne", et plante qui s'accroche, la *ferigoulo* pouvait donc faire refleurir la démocratie pour les opposants au futur second Empire... Mais la droite fit un sort à cette fleur identifiée à "la gueuse", l'horrible République ! Elle fit rimer *ferigoulo* et *groulo*, notamment en proverbe, pour la *ferigoulo* accrochée aux portes des filles dans la nuit du 1er mai. *"La ferigoulo se douno i groulo"* et *"A la ferigoulo, l'amour dòu cor regoulo"* ("La farigoule se donne aux gueuses", et " A la farigoule, l'amour s'en va").

La *groulo* est proprement nommée la savate, le *soulié* usé... et le verbe *regoula* signifie vomir ! La *ferigoule* permettait de dire poétiquement ce qui se dit de nos jours : "Tu me fais gerber, vieille savate... Tire-toi... T'es dégueu..."

✧✧✧

FERRAGE (Fr. Rég. et Fr. Nat.) ou **FERRAILLES**
FERRAGE (Prov.) Prononciation identique au français.

Ferrage ou *ferraille* est un nom de quartier, de rue, de lotissement, venant directement de la langue provençale francisée.

A l'origine et en latin, *farrago* signifie fourrage vert semé spécialement pour les bestiaux. On sème des plantes fourragères en ce lieu car le terrain est propice... Le mot francisé *ferrage* ou *ferraille* est donc loin de l'origine et du sens initial provençal... qui est nullement en rapport avec le fer !

Par suite, il plaira sans doute aux habitants de ces lieux-dits qu'ils puissent toujours faire une pétition pour que leur *ferrage* devienne fourragère...

La francisation des mots provençaux est quelquefois démoniaque.

Ainsi, à Cadenet, existe un chemin nommé "rue de derrière les os".

Les os ont pour origine les *horts*, venant du latin *hortus*, qui a donné horticulture et hortolaille. Il s'agit donc des jardins, et non pas de cimetière avec tous les os de ce chemin !

Passer de fourrage à *ferraille* est aussi démoniaque car la ferraille est bien souvent un mot péjoratif. Or, tous les quartiers ou rues faisant référence aux *ferrailles* ou aux *ferrages* devraient en bonne traduction française se nommer des *fourragères,* car ce mot français a exactement le même sens que le *ferrage* provençal.

Une *fourragère* est une pièce de terre consacrée à la production de plantes fourragères. C'est le petit Larousse qui le dit !

Mais c'est aussi une cordelière d'uniforme militaire pour les régiments plusieurs fois cités à l'ordre de l'armée depuis 1916.

Ce n'est donc pas demain que les cadastrologues français sévissant en Provence recevront les honneurs de la fourragère pour leurs traductions des mots de chez nous sans faire de *cagades* !

✧✧✧

FESTIVAL (Fr. Rég. et Nat.) - ***FESTIVAL*** (Prov.)

Le mot festival est un mot de pur provençal... Il a plus de deux mille ans.

Les Romains donnaient des *festums*, c'est-à-dire des fêtes en l'honneur de leurs Dieux. Et ces fêtes étaient souvent marquées par des cérémonies et des festins.

En provençal, un banquet se dit toujours *festin*, une fête *fèsto*, et un festival un *festival,* lequel signifie fête solennelle, donc un peu sacrée. Le sens de fête estivale n'existe pas en provençal.

Un festival n'est pas une fête forcément annuelle. Le provençal dit dans ce cas *festenau* de préférence. Si la fête est petite, ce sera une *festeto* qui pourra réunir des *festejaire* et des *festejarello*... c'est-à-dire des fêtards et fêtardes qui pourront être aussi des *festiés*, comme le sont les Marseillais dont c'est un des sobriquets.

Ils pourront être aussi des *festadiés*, c'est-à-dire des noceurs et coureurs de fêtes.

On est loin ici des préoccupations religieuses qui se retrouvent dans nos modernes fêtes votives qui ne méritent cet adjectif que si elles sont vouées au saint patron de la paroisse.

Le mot provençal pour cette sorte de fête chômée était *festo coulènto* (Fête coulante). Se dévidant normalement donc... Ce qui permettait de passer une journée très "cool", en se la coulant douce...

✧✧✧

FLIRT (Fr. Rég. Nat. et Anglais) - ***FLOURETA*** (Prov.)

Note préliminaire : La langue anglaise nous a envoyé beaucoup de mots... mais certains de ces mots nous reviennent.

Même anglicisés, ces mots sont reconnaissables par leurs origines. En voici un !

Le mot *flirt* anglais vient en droite ligne du vieux français *fleureter* signifiant conter fleurette.

Et *fleureter* ou *flirt* vient directement du provençal *floureta,* donné par le latin *flour* qui veut dire fleur !

En Provence, les garçons n'oubliaient jamais de *"counta floureto"*, de *floureta*, dans la nuit du 1er mai en allant accrocher un bouquet de fleurs aux symboles parlants devant les portes des filles convoitées. C'est de cette coutume des fleurs déposées par les mâles devant les maisons des filles à marier que vient la locution *counta floureto* (raconter ou dire avec des fleurs), devenue *floureta*, puis *flirt* en anglais, pour ensuite revenir en France et être employée à bouche-que-veux-tu par les Français. Et quand je dis à bouche-que-veux-tu, c'est très intentionnellement car les mots fleur et bouche ont toujours la même connotation sexuelle qu'il y a dix siècles et plus.

De nos jours, si on pratique un *flirt* poussé, c'est qu'on va beaucoup plus loin qu'un badinage amoureux. On est ici assez loin du message floral qui contait fleurette aux filles de Provence. Un flirt poussé ne poursuit qu'un but, c'est obtenir "la fleur", la *primavero* (la première fleur vraie) selon l'expression provençale, de la demoiselle convoitée. Et dans ce cas, conter fleurette signifie dévirginisation... et plus littérairement "cueillage de fleur printanière" comme disaient les poètes des jeux floraux.

Quant à la bouche du diable abritant cette fleur si précieuse, elle ne conte pas fleurette, mais ses lèvres muettes n'en sont pas moins éloquentes pour toutes les langues du monde !

✧✧✧

FOREIGN OFFICE (Anglais) - ***AFFAÏRÉ FOURESTIÉ*** (Prov.) - Prononciation. : affaïré fourestié.

Note préliminaire : Lis affaire fourestièr sont les affaires étrangères en français, celles de l'extérieur... comme le Foreign Office l'est pour le Royaume-Uni.

On lit et entend plusieurs fois par jour le mot *foreign-office,* qui signifie affaires étrangères en anglais, et il reste très amusant de vous offrir l'itinéraire de ce mot dont la racine latine est *forum.*

Le *forum* romain, c'est-à-dire la place extérieure qui a donné en provençal *defore*, c'est-à-dire dehors. Ce *defore* provençal s'est raccourci en *fors* pour dire *hors*, comme hors les murs en français. Au XVIe siècle, François 1er disait : “Tout est perdu fors l'honneur”. C'est-à-dire “Tout est perdu hormis ou hors l'honneur”.

Les Anglais ont beaucoup apprécié ce *fors* et l'ont adopté pour en faire *foreign*, c'est-à-dire l'étranger extérieur au royaume.

Ainsi donc le *foreign office* est l'organisme britannique s'occupant des étrangers au royaume, les *foreigner.*

En latin populaire, un *foranus* était un étranger à la ville, et en provençal un *fourestié* n'est pas un forestier. C'est un forain, c'est-à-dire un étranger à la ville qui vient de *defore*, donc de dehors.

D'où l'admirable locution provençale, un peu redondante mais très précise, signalant la présence d'étrangers du dehors... *Lis estrangié de defore...* c'est-à-dire des gens qui sont étrangers, non seulement à la ville, mais encore au pays...

Enfin, il n'est pas inutile de préciser que le *fors* français a donné aussi le for qualifié d'intérieur, le premier étant la loi extérieure et le second la conscience individuelle... Quant à la *furia*, la fameuse *furia francese*, selon les Italiens, c'est la fureur qui met *hors* de soi. Et dans tous les cas, cette *furia* vient aussi du latin et du provençal...

✧✧✧

FRE (Fr. Rég.) - ***FRE*** (Prov.) - Même prononciation : fré.

Ce mot se dit toujours en Provence : *la fre* ou *lou fre… "Faï fre vuei"* (Il fait froid aujourd'hui).

C'est le contraire de *caud. "Bouffa lou caud et la fre"* (Souffler le chaud et le froid).

Le mot froid qui n'est que masculin en français est un substantif provençal qui a les deux sexes. On peut dire *le* ou *la* fre... Son origine est latine (*frigidu),* qu'on a fini par résumer en *frigo* pour réfrigérateur, appareil produisant du froid.

"Adematin fai fre" est une phrase courante en Provence (Il fait froid ce matin), ou encore *"fai une grosso fre"* (Il fait un grand froid). *"Té, béu un pau d'aigardènt, te levara la fre"* (Tiens, bois un peu d'alcool, ça t'enlèvera le froid).

Des centaines de mots sont construits sur *fre*... d'autant plus que *fre* est non seulement substantif mais aussi adjectif. Il qualifie quelque chose.

Un ban fre (Un bain froid). *D'aigo fresco* (De l'eau froide). *Fre coum'uno cadeno de pous* (Froid comme une chaîne de puits).

Fre coum'un nas de chin (Froid comme un nez de chien). *Fre coumo la glaço*... Et même *fre coumo la merdo de pèis* (Froid comme la merde de poisson).

Bien entendu, la sagesse populaire a construit bon nombre de dictons et proverbes autour du mot froid.

J'aime assez : *Avé fre après manja, acò's provo de santa* (Avoir froid après avoir mangé, cela est preuve de santé). *Fre de man, caud de cor* (Mains froides cœur chaud).

La fre sarro li car (Le froid resserre les chairs)... et mieux encore : *"Quand avès fre fau teni lou cuou estré"* (Quand vous avez froid il faut serrer les fesses).

Mais je tiens personnellement pour une évidence de génie populaire le dicton souvent utilisé *"Quand fa fre, fa pas caud"*.

✧✧✧

GALA (Fr. Rég. et Nat.) - ***GALA*** (Prov.)

Le mot *gala* est du pur provençal venu du latin, et surtout du grec puisque sa racine signifie "rire de plaisir" depuis trente siècles au moins.

A l'origine, un *gala* est un festin, une réjouissance procurant du plaisir.

Les Italiens ont le mot *gallare* qui signifie nager dans le plaisir. *Gala* est aussi la racine de galerie, lieu agréable et plaisant, mais aussi semble-t-il lieu de galanterie, pour galants et galantes.

En provençal, le verbe *"se gala"* signifie se réjouir, s'amuser... mais précise aussi l'acte de fécondation d'un coq avec une poule. *Lou gau*, le coq, qui couvre une poule, doit sans doute y prendre du plaisir. En français, on dit qu'il "coche" la poule, et c'est de son pincement de bec sur la crête de *la galino* qu'est venu le mot encoche.

Lorsque le coq fait son câlin on dit en provençal qu'il *"gale"*, et on ajoute souvent le proverbe : *"Un bon gau galo trege galino"*. C'est-à-dire qu'un bon coq peut cocher treize poules, chiffre idéal pour son harem de basse-cour.

Avec treize poules à sa disposition, c'est toujours gala pour un coq en forme ! Et les œufs des poules sont toujours *gala*, c'est-à-dire fécondés. On est ici assez loin du gala français, ou de la tenue de gala... mais il s'agit toujours de plaisir !

Comme la galantarié *dóu galant* (la galanterie de l'amant...) qui sait dire *"ma galantouno"* à sa maîtresse. C'est un gage de plaisir s'il sait bien *galanteja*, c'est-à-dire courtiser. *Lou galant es pèr lou gala* (l'amant est pour le plaisir). Et comme on dit en Provence : *"Touto femo de bel esprit, li faut galant emai marit"* (Il faut un amant et un mari à une femme qui a l'esprit libre... c'est-à-dire libertin).

✧✧✧

GALAVARD (Fr. Rég.) - ***GALAVARD*** (Prov.)

Le mot *galavard* est bien connu des mamans provençales nanties de *minots* qui ont un gros appétit pour, comme elles disent, “que le petit fasse ses croissances”. Il est commun d'entendre dire à propos d'un *droulas* qui pousse vite :

“Il a la fièvre *galavarde*”. Cela veut dire qu'il mange avec fébrilité, qu'il dévore comme un goinfre... et mange aussi volontiers qu'un cochon à l'engraissement. Car *galavard* est un mot qui signifie vorace, goulu, gourmand, goinfre. Et qui est tellement évocateur qu'on l'applique au cochon, mais au figuré.

Rabelais évoque un certain Galafre qui faisait partie des ancêtres de Pantagruel et qui, comme tout géant, mangeait énormément.

On a quelquefois dit que ce géant, *Galagut* en Provence et *Galafre* ailleurs, avait été inspiré à Rabelais par le duc d'Aquitaine *Gaifer* qui fut vaincu par Pépin le Bref. Mais rien n'est sûr, sauf que le mot *galavard*, avec son sens de goinfre, mais aussi de paresseux, est connu depuis des siècles dans la langue romane, mélange de latin et de wisigoth, avant d'être adopté par les Provençaux... tandis que les Provençaux et les Français formaient le mot *galapiat* sur la même racine.

Galavard et *galapiat* ont vu leur sens se fixer peu à peu sur l'idée de goinfrerie, fainéantise et surtout gourmandise, mais avec un sens très atténué, presque affectueux lorsqu'il concerne un enfant ou un adolescent.

En provençal, tout ce qui est *galavard* est gourmand... Même les légumes... Comme les pois gourmands, *pese galavard*, les *melinjano* ou *merinjano* (aubergines), réputées *galavardes* en huile... Et puis, une dame *galavarde* ou un homme *galavard* sont aussi des gourmands d'amour... Des voraces sexuels. Méfiez-vous donc si votre partenaire commence d'abord par vous dévorer de baisers. Le *galavard* sommeille toujours quelque part... comme le cochon qui dort.

✧✧✧

GALINETTE (Fr. Rég.) - ***GALINETO*** (Prov.)
Même prononciation avec "o" atone en provençal.

Le mot galinette a eu un énorme succès populaire depuis qu'Yves Montand le prononçait à l'intention de Daniel Auteuil : *"Oh Galinette..."*

La franchimandie a découvert le mot *galinette* avec Pagnol, un peu avec les livres, beaucoup avec le cinéma et encore plus avec la télé.

Chez nous, ce mot de pur provençal a toujours été employé.

"Te ve, je vais me faire un pot-au-feu... Donnez-moi un beau morceau de *galinette...*" Une telle phrase est entendue couramment chez le boucher... et ni la cliente, ni le boucher ne savent qu'il ne s'agit pas d'un mot français.

En provençal, en effet, *la galineto* est la crosse ou le

crochet du bœuf... qui entre en pot-au-feu pour notre plaisir.

Mais le *galineto* de Pagnol est employé comme terme d'affection.

Ce *galineto* signifie petite poule, poulette et par extension poussin ou poussinet. *"Moun galinet, ma galineto,* termes d'affection qu'on traduit exactement en français, chez nous, par "mon poulet, ma poulette".

Car la base du mot est *gal* en vieux provençal, *galino*, mot venu du latin comme *gau* qui est son masculin, *la galino e lou gau*... La poule et le coq.

Pour revenir à *galineto*, il paraît encore plus précis de rappeler qu'un *galinet* est un poulet... mais c'est aussi un blanc-bec et plus sûrement encore un galantin, un homme coquet. Faire *lou galinet* c'est faire le petit coq auprès des femmes !

Ce n'est donc pas un *gau-galin*, c'est-à-dire un coq-poule de sexe indéterminé !

Enfin, la *galineto* est aussi la bête à bon Dieu, cette jolie petite coccinelle qui se déplace toujours à la verticale.

Le jeu d'enfant qui consiste à placer une coccinelle sur la main et à la laisser monter sur un doigt tendu vers le ciel s'accompagne toujours de la chansonnette *"Galineto dóu bon Dièu, monto au cèu acampa lou pan d'agnèu"*. (Coccinelle du bon dieu, monte au ciel pour ramener le pain d'agneau, de vie). L'inspiration chrétienne est ici bien éloignée du *galineto* coureur de jupons... qui est toujours un petit coq cherchant son coquetier pour y déposer ses œufs !

✧✧✧

(Prendre une) **GAMELLE** (Fr. Rég. et Nat. et argot Fr.) (Ficha un) ***GAMAS*** (Prov.) (peut se dire aussi *"garça un gamas*).

Cette locution "jeune", comme on dit, est très employée dans les milieux du sportif mécanique.

"Avec mon VTT je me suis pris une gamelle pas possible".

"Sur la grande bosse de la piste de cross, je me suis ramassé une gamelle de première bourre." Et même : "Il a invité la fille à sortir de la boîte et il s'est pris une gamelle".

Pour cette dernière expression, le mot gamelle d'argot branché a remplaçé le mot bock, vieille locution signifiant que la fille avait envoyé son solliciteur consommer un verre de bière tout seul.

Mais ramasser une gamelle ou se prendre une gamelle n'a rien à voir avec le récipient dont la racine est latine, *camella,* signifiant vase de bois et plus tard vase de métal dont le contenu était la *gamelado.*

La gamelle-récipient n'a rien à voir non plus avec la *gamato* (auge de maçon) à l'origine espagnole et latine : *gamata.*

Et la "gamelle-chute" n'a que peu d'affinité avec les gamelles des spectacles qui sont en style familier les projecteurs d'éclairage. Il arrive cependant qu'une "gamelle-chute" fasse voir trente-six chandelles à l'artiste en cabrioles.

Quant aux motards qui surnomment "gamelles" les pots d'échappement de leurs engins, c'est uniquement par référence à la tôle dont ils sont faits, comme les gamelles de cuisine.

Prendre une "gamelle-chute" est en vérité la traduction littérale française de la locution provençale *"ficha un gamas"*, tomber lourdement et au figuré "se ruiner".

Il me paraît très intéressant de voir comment évoluent ces locutions d'origine provençale en français argotique. "Oh fan, j'ai pris une putain de gamelle qui m'a ruiné..." reste donc du pur provençal francisé... et les jeunes générations auront du mal à croire que pour parler branché on doit se référer au provençal de grand-papa.

✧✧✧

GANARRE (Fr. Rég.) - ***GANARO*** (Prov.)

Toujours très utilisé en français régional populaire, le mot *ganarre* est un vieux mot provençal de style familier.

"On s'est pris une bonne *ganarre* pour fêter ça".

Cela signifie qu'on a pris une "cuite". Le mot *ganarre* vient de *ganaro* qui lui même vient du latin *ganea* (cabaret) et du gallo-romain *canara* (cellier). Lieux où la boisson abonde par définition.

L'ivresse possède différents degrés, y compris ceux de l'alcool, et le diminutif *ganarreto* signifie que l'ébriété était de petite qualité. En revanche, une *ganarrasso* est proche du coma éthylique !

Lorsqu'on est *ganaro* en Provence on est *empégué...*

Mais il y a une nuance, car la personne *ganaro* restant silencieuse ne montre pas qu'elle est *empéguée*. Il faut qu'elle parle pour qu'on sache qu'elle a de la *pego* dans la bouche, de la poix, qui donne une élocution pâteuse.

Dans le domaine de la soulographie, on peut également parler d'*encigala* ou d'*aganta la cigalo*. Cela signifie qu'on a des cigales dans la tête le lendemain matin. Des cigales qui cymbalisent de façon lancinante. C'est la "gueule de bois" française.

Quant au fameux "canard" français (sucre plongé dans un alcool), il vient directement du provençal par le canard de la variété morillon. Ce palmipède est vulgairement nommé en Provence, le canard-pegounié. Et lorsqu'on sait qu'*èstre pegougno* signifie également qu'on est *ganaro*... La boucle se boucle sauf si la cervelle est *empéguée*.

✧✧✧

GAUGALIN (Fr. Rég.) - ***GAU-GALIN*** *(*Prov)
Prononciation : gaoougalin avec dernière syllabe nasale.

Le mot *gau-galin* est très souvent employé pour des hommes efféminés.

Littéralement, ce mot se compose de *gau* qui veut dire coq et de *galino* qui signifie poule. L'origine est latine par le mot *gallus* (coq).

Un *gau-galin* tirerait donc du coq et de la poule. Il serait sensé avoir double sexe. Un *gau-galin* est un hermaphrodite, tout au moins en apparence.

Ce sobriquet fait référence aux poules qui chantent

comme des coqs, ou aux coqs qui gloussent comme des poules.

Mais les Provençaux, s'ils savent bien observer leurs poulaillers, sont aussi des poètes qui n'ont pas hésité à baptiser *gau-galin* le modeste coquelicot du bord des routes et des berges de ruisseaux.

Estre rouge coume un gau-galin signifie être rouge comme un coquelicot en bon provençal mistralien. Mais pourquoi ? Le coquelicot serait-il hermaphrodite ? Il ne l'est pourtant pas, mais son nom populaire *gau-galin* vient d'un jeu enfantin consistant à ouvrir les boutons de coquelicots afin de voir si les fleurs sont rouges ou violettes. Si elles sont violettes, il s'agit d'une *galine*, donc d'une poule, dont la crête tire davantage sur le violet.

Le mot *gau-galin*, sauf s'il qualifie le coquelicot, n'est donc pas un compliment, et toutes les mamans provençales préfèrent avoir un jeune coq à la maison. Ne serait-ce que pour dire aux voisines :

"Gardas vòsti galino, ai bandi moun gau" Gardez bien vos poules j'ai lâché mon coq). Et donc : gardez bien vos filles car j'ai lâché mon garçon. Mais cette formule date un peu à notre époque où le féminisme a renversé bon nombre de ces valeurs macho des temps passés.

✧✧✧

GIBASSIÉ (Fr. Rég.) - ***GIBASSIÉ*** (Prov.)

Le mot *gibassié* désigne une pâtisserie typique du temps de Noël.

Il s'agit d'une sorte de fougasse dont la particularité est d'avoir des *gibo* (des bosses). Le porteur de bosses ne doit pas se confondre avec *lou gibous* qui est le bossu et qui ne porte qu'une bosse tandis que le *gibassié* en a plusieurs !

Le *gibassié*, selon la tradition ne se faisait qu'au temps calendal.

Il n'était pas commercialisé. C'était un cadeau du boulanger à ses clients.

Dans le temps, l'artisan boulanger avait une clientèle fidélisée par le règlement de la note de pain au mois, et parfois à l'année.

Chaque famille rurale prenait du pain selon ses besoins, et la facture se réglait à date convenue, la plupart du temps lorsque les récoltes avaient été vendues, et donc généralement vers Noël.

Le jour du règlement, le boulanger encaissait ses louis d'or, et offrait en échange amical un *gibassié* parfumé à l'huile d'olive légèrement sucré dans sa pâte proche de celle du pain. C'était la seule fois de l'année où le boulanger préparait ce type de friandise.

Les marchands de vins avaient la même habitude. Ils offraient pour Noël à leurs clients fidèles une bouteille de vin cuit.

Cette pratique remonte à plusieurs siècles et explique pourquoi le *gibassié* et le vin cuit font partie des desserts de *calendo*.

D'autant plus que le *gibassié*, étant un peu *estoufo-gàrri* ou *estranglo-saumo* (étouffe-rat ou étrangle-ânesse), gagne beaucoup à être arrosé d'un vin liquoreux. Il glisse mieux...

Et comme disait mémé, en poussant son *gibassié* avec des verres de vin cuit : “Je ne sais pas bâtir à sec...”

✧✧✧

GROS SOUPER (Fr. Rég. et Nat.) - ***GROS SOUPA*** (Prov.)

Ce *gros souper*-là se partage en famille en fin de journée, le 24 décembre. Dans le temps, on passait à table vers 6 h 30 de l’après-midi, afin de respecter l’église qui recommandait d’être à jeun au moins trois heures avant de communier. La communion de la messe de minuit se partageant vers minuit et demi, il fallait quasiment avoir tout digéré vers 9 h 30 au plus tard.

Ce souper abondant mais exclusivement maigre allait clore les trois semaines de jeûne de l’Avent commencées le 4 décembre.

Même les non-chrétiens pratiquent en Provence le rite du *gros souper* ou *souper calendal*. La viande et la dinde sont pour le repas de Noël en famille.

Le *soupa de calendo* est gros, parce qu'il est rare et grand, mais pas forcément énorme.

Selon les régions du midi de la France, le menu peut comporter un choix de poissons, escargots, cardons, céleris, fruits, *gibassié*, vin cuit, fruits secs… Il s’agit d’un véritable rite familial où disparaissent, au moins provisoirement toutes les dissensions.

Les treize desserts ne sont pas d’obligation en période

calendale, comme on en accrédite volontiers la légende. Il suffit que les desserts soient abondants.

La tradition de ce repas particulier viendrait des Romains qui partageaient un repas maigre pour clore les fêtes des Saturnales.

Gros pourvoyeurs de traditions dites provençales, les Romains nous ont aussi légué l'*aigo-boulido* pour mieux digérer nos festins.

✧✧✧

GUINCHER (Fr. Rég.) - ***GUINCHA*** (Prov.)
GUIGNER (Fr. Rég.) - ***GUIGNA*** (Prov.)

Ce mot très connu en argot parisien vient directement du provençal et reste très utilisé en français régional.

"Oh, m'an, le type, là, il fait rien que de me *guincher*".

Cette phrase commune en Provence est de l'hébreu pour les Nordistes qui connaissent le verbe "guincher" signifiant danser dans un "guinche". Or, chez nous, lorsqu'on *guinche*, c'est qu'on cligne de l'œil, qu'on envoie *uno alucado* (une œillade). Ce qui est le cas des garçons et des filles en proie aux chaleurs de l'adolescence.

En provençal, une *guinchado* est un clin d'œil et un *guinchaire* ou une *guincharello* sont celui et celle qui lancent le clin d'œil. Un *guèche* est un loucheur d'un œil et le verbe *guincheta* c'est tout simplement lorgner.

En aucun cas le provençalisme *guincher* ne signifie danser et ici un *guinche* n'a jamais été un *balèti*.

Le mot provençal *guigner* s'est construit sur un mot

grec usité à Marseille, et signifiant remuer, faire signe. Faire une *guignado* signifie faire signe. Si on remue la paupière, on *guigne* de l'œil.

Donc on fait un signe et généralement ce signe signifie qu'on a envie. On *guigne* quelque chose. Mais l'œil entre tellement en jeu dans ce verbe qu'on a la *guigne* quand on a le mauvais œil !

Guigner, c'est regarder en détail, c'est visiter. D'où le nom de l'index surnommé le *guignaire*, le visiteur, sous-entendu, des cavités : trous de nez, des oreilles, etc.

Quant à *guincher*, son seul rapport avec le bal c'est le *guinchet,* à savoir le *guichet* de l'entrée, là où le contrôleur *guinche* par un trou pour voir les clients.

Enfin, si on *parpelejo*, qu'on remue souvent les *parpello*, les paupières, comme le président Mitterrand, on a le *guinchoulin*...

Ce qui est ma façon d'envoyer une *guinchado* à l'actualité.

✧✧✧✧✧✧✧✧✧✧✧✧✧✧✧✧✧✧✧✧✧✧✧✧✧✧

H comme : (tirer à) Hue et à dia – Hiver

I comme : Innocent

J comme : Jardin

K comme : Kyrielle

L comme : Lamper – Lustre

M... comme : Madrague – Magnan – Maguelone – Mail – Manade – Mastéguer – Mec – Menpenti – Menthe – Menu – Mesclun – Minot – Mistral – Mounine – Mourillon

HIVER (Fr. Rég. et Nat.) - ***IVÈR*** (Prov.)

Hiver, printemps, automne, été... Que voilà de beaux sujets de conversation ! Ces noms de saisons francisés, venus du latin via le provençal gallo-romain, sont dans toutes les bouches.

L'*Ivèr* provençal se prononce comme le français, mais il n'a pas d'"h". *Lou printèms*, la première des saisons, formée de *prim*, premier et *tèms*.

L'*estièu,* qui vient d'*oestivus,* et l'*ivèr* s'opposent facilement : *"L'ivèr au fio, l'estièu au jo"* (l'hiver au feu, l'été au jeu).

Même chose pour les deux autres saisons : *I'a pas de printèms sènso pluio et ges d'autouno sènso bèu jour* (Il n'y a pas de printemps sans pluie et pas d'automne sans beaux jours).

Mais un *ivernas* reste le seul mot augmentatif en provençal pour définir un gros hiver. Il n'y a jamais de gros printemps, de gros été ou de gros automne.

Un *ivernas*, c'est un hiver terrible, comme ceux de 1956, de 1929, ou comme celui qui changea le visage de la France en 1789.

Hivers qui gelèrent les blés en terre, les fruitiers, les vignes et les oliviers.

Les chroniques provençales racontent qu'en 1789 la terre gela jusqu'à 40 centimètres de profondeur... entre le jour des Rois (6 janvier) et la Chandeleur (2 février). Trois semaines de gel et de gros *ivernas* firent plus pour les idées nouvelles qu'un siècle entier de lumières philosophiques, puisqu'il est plus que certain qu'un ventre affamé n'a plus d'oreilles.

C'est pourquoi les hommes en général et les Français en particulier ont toujours attaché beaucoup d'importance au temps qu'il fait et qu'ils en parlent beaucoup... On ne dira jamais assez le nombre d'enfants conçus pendant un rude hiver sans chauffage...

Ah ! Combien d'hommes comptent sur l'*ivernas* pour être *ready* comme on dit en anglais !

✧✧✧

(TIRER À) HUE ET À DIA (Fr. Rég. et Nat.)
(TIRA DE) HU ET DE DIA (Prov.) (Tira dé hu é dé dia).

La locution française "tirer à hue et à dia" vient directement du provençal *hu* et *dia* ou *gia*.

Ce sont des interjections de laboureurs ou de charretiers dirigeant leurs bêtes.

Hu vient du latin *hu* ou *hui* et sert à faire avancer. *Dia* ou *gia* invitent l'animal à tourner et semblent venir du latin *gira* en passant par la langue romane.

"Tirer à hue et à dia" signifie que le cheval est un peu incertain et se dirige mal, ou est mal dirigé.

En provençal, *hua* est également employé pour "Huer", et une *huado* est une huée, encore dite *uno bramado*.

La locution *"tira de hu e de dia"* se dit toujours en français régional mais plus du tout dans les villes où les chevaux ont disparu en même temps que le vocabulaire qui leur était destiné.

✧✧✧

INNOCENT (Fr. Rég. et Nat.)
INNOUCÈNT (Prov.) - Prononciation : innoussin.

Ce mot est utilisé dans toutes les langues de la Méditerranée, et en français également. Le mot innocent garde le même sens dans toutes les langues, même si la prononciation diffère depuis le latin d'origine.

"Es un ome inoucènt" (C'est un homme innocent). Cela peut signifier, niais, naïf, débile mental, benêt, ingénu, mais aussi non coupable, en provençal.

En provençal l'*inoucènt* est toujours un ingénu, un naïf, un pigeon, un nouveau-né. C'est exactement l'état d'une personne qui ignore le mal. C'est quelqu'un qui n'est pas blâmable ni punissable.

C'est ce qui est pur comme des jeux innocents, des amours innocentes, et bien évidemment des saints Innocents, comme ceux qui sont fêtés le 28 décembre par le calendrier chrétien. Il s'agit là des enfants de moins de deux ans massacrés par les soldats du roi Hérode après la visite des mages qui lui annoncèrent la naissance d'un nouveau roi d'Israël. Pour limiter les risques d'être détrôné, Hérode fit éliminer tous les enfants de moins de deux ans dans son royaume... dit-on.

Ce massacre fut évité par Jésus grâce à la célèbre fuite en Egypte. L'Eglise a toujours fait la part belle aux *inoucènt* et cette fête des enfants massacrés glissa au cours des siècles passés vers une fête des fous, des niais, des débiles, servant de soupape de sûreté car, chaque

28 décembre, c'était la fête religieuse et burlesque, une sorte de carnaval avant l'heure. Cette fête héritée des Saturnales est hélas tombée en désuétude. La hiérarchie religieuse cédait la place pour une journée aux laïcs qui faisaient les *fous* en se *défoulant*, en contrefaisant les cérémonies avec cantiques paillards et célébration de la messe au boudin.

Mais le lendemain, la discipline sévère reprenait ses droits, et les *inoucènt* d'un jour jouaient les ingénus pour continuer à rester non coupables.

✧✧✧

JARDIN (Fr. Rég. et Nat.) - ***JARDIN*** (Prov.)
Se prononce avec la dernière syllabe din, et “j” comme “dz” (dzardin).

Le mot français s'écrit identiquement au mot provençal. La prononciation est différente car la langue de chez nous tire vers le latin qui prononçait *zardinus*.

Quoi qu'il en soit, ce mot d'origine latine a conquis le monde via la langue provençale, et une garden-party britannique n'est jamais qu' “*uno fèsto de jardin*” provençale.

Quant aux jardins des plantes, voire zoologiques de la capitale, ils ont un peu tendance à oublier que leur maître à tous, celui qui fut leur initiateur, était né au Sud, en 1596 à Montpellier, à la suite d'une décision d'Henri IV, roi très sudiste élevé à l'ail, au vin et aux fines herbes méridionales !

Mais un jardin n'est pas forcément producteur de

légumes... Il est souvent de plaisance... et en provençal, un *jardin de plasènço* est le nom exact du jardin d'Eden, c'est-à-dire du paradis terrestre !

C'est peut-être par la grâce de ce jardin de plaisir que l'argot populaire provençal assimile le sexe féminin à un *jardin*... et l'homme au *jardinié*.

Il est vrai qu'un jardin n'engendre jamais autant de satisfactions que lorsque le jardinier le cultive avec soin... et dans ce cas, j'ose dire avec beaucoup d'amour.

Le génie linguistique provençal sait bien qu'un *jardin d'amour* donne un fruit si la petite graine y est bien semée, mais sait aussi qu'il s'agit d'un fruit défendu. C'est sans doute pour cela que le mot verger n'a jamais été appliqué au sexe féminin en Provence, même si le fruit des entrailles du verger est quelques fois béni !

C'est ainsi qu'on jardine un *jardin*, mais qu'on ne verge pas un verger !

✧✧✧

KYRIELLE (Fr. Rég. et Nat.) - ***KIRIELLO*** (Prov.)

Ce mot bien francisé après être passé par le provençal vient du grec *kurie* (seigneur). On écrit *kyrie* car le “y” est le “u” grec.

L'Eglise a popularisé ce mot avec la locution *“kyrie eleison”* signifiant “Seigneur, aie pitié” qui se dit au début d'une messe.

On l'emploie de nos jours en français régional très facilement pour exprimer une longue suite de choses.

“Une kyrielle de minots” (Beaucoup d'enfants à la suite). “Une kyrielle de gros mots” (Un chapelet de jurons).

Le mot kyrielle a fait florès par le biais des litanies des saints dans les cérémonies chrétiennes où l'assistance répond *“kyrie eleison”* ou *“ora pro nobis”* (Priez pour nous) après chaque courte invocation de l'officiant.

Les litanies sont considérées comme une longue suite ennuyeuse, et leur nom vient aussi du grec *litaneia* qui signifie prière.

Il n'empêche qu'en Provence *“uno kiriello de cagado”* reste toujours “une litanie de bêtises”... de coup foireux !

✧✧✧

LAMPER (Fr. Rég.) - ***LAMPA*** (Prov.)

Lamper s'accorde bien avec *s'esbigner* (prendre la fuite en douce) ou décamper, lever le camp. *Descampa* en provençal.

Le verbe *lamper* est généralement utilisé dans une phrase du genre :

“Il me courait à l'après... Tu m'aurais vu *lamper*”. Ou bien encore :

“Dans la cheminée, les flammes *lampaient*”. Ce qui fait illico songer à la *lampée* de vin par exemple.

Dans tous les cas, ce mot est d'origine latine. Le *lampas* est l'éclat des astres. Il a donné le mot provençal *lamp* désignant l'éclair de la foudre et tous les dérivés qui sont venus au français, comme lampes électriques, à huile, à pétrole... et lampiste !

Mais il est resté dans le français régional le provençalisme *lamper* qui est la traduction du verbe *lampeja* signifiant faire des éclairs, et par extension aller vite.

La langue régionale utilise donc le mot lamper pour exprimer la vitesse de la course, ou le scintillement rapide des flammes d'un feu ouvert. Quant à la *lampée* de vin, c'est, en français venu du provençal et du latin, l'action de boire rapidement un verre de vin.

Mais devant une menace quelconque on a toujours intérêt à *décamper en lampant* même si on a commencé à s'*esbigner* en douce... ou à l'anglaise comme on dit en France.

Sans vous le répéter sur l'air des lampions (encore un mot qui vient de lamp), ce provençalisme porte avec lui les notions de lumière et de rapidité.

Toutefois, il arrive que l'idée de rapidité domine nettement car il est difficile de trouver de la lumière dans une diarrhée.

Et pourtant ce flux abdominal incontrôlable possède un nom très métaphorique dans le parler populaire provençal.

Une diarrhée se désigne en effet sous le nom de *lampanto*. Et c'est de ce nom, qui comporte l'idée de rapidité et de vitesse, que la langue française populaire a tiré la fameuse “courante” !

✧✧✧

LUSTRE (Fr. Rég. et Nat.) - ***LUSTRE*** (Prov.)
Se dit : lustré.

En parlant du lustre de la salle à manger, nous employons un mot provençal car lustre vient du latin *illustre*, et se dit en provençal *lustre*, avec le sens précis de luisance, brillance.

Tous les sens et dérivés du mot français lustre puisent leur origine dans le latin mais se sont affadis bien souvent en cours de naturalisation.

Le *lustre* provençal a perdu un de ses plus jolis sens en devenant lustre dans la langue française.

Jusqu'au XIXe siècle en Provence, un *lustre* était aussi la petite mouche en taffetas noir que les dames posaient sur leur visage.

Ce grain de beauté artificiel, cette coquetterie, avait inspiré les messieurs provençaux qui avaient constaté, en poètes toujours prêts à rendre hommage aux dames, que la mouche de taffetas donnait de l'éclat, de la brillance, au visage des femmes. Elle leur donnait donc du *lustre* en faisant ressortir la blancheur du teint, y compris lorsque les coquettes coquines posaient leur *lustre* sur un sein ou une fesse.

Eh oui, c'était une époque où les dames avaient honte d'être bronzées par le soleil, montrant par là qu'elles avaient les moyens de rester à l'ombre, à l'inverse des paysannes qui avaient seules le "privilège" d'être bronzées par le travail avant que la mode ne fasse disparaître les peaux de pêche, les carnations laiteuses et les *lustre* de taffetas.

✧✧✧

MADRAGUE (Fr. Rég. et Nat.)
MADRAGO (Prov.) - Le “o” est muet.

Nous allons faire une balade au bord de la mer, pour mieux connaître les célèbres madragues...

A Marseille on connait la Madrague, quartier très peuplé qu'il est difficile d'imaginer tel qu'il était voici quelques siècles.

Des *madrago*, il y en a un peu partout en bord de mer rocheux.

On citera, selon la carte rapidement examinée, les *madrago* de Gignac, de Montredon, des Lecques, de Giens.

A l'origine, une *madrago* est à la fois un lieu et une technique de pêche au thon.

Ce mot est formé vraissemblablement sur le latin *madra,* signifiant parc, et *rhagas,* définissant un creux qui a donné *rago* en provençal et bon nombre d'autres mots comme *enraguer,* utilisés par les marins.

La *pesco* à la *madrago* est d'origine lointaine car il y a déjà quelques siècles que les pêcheurs ont remarqué que les thons et autres poissons, poursuivis par un prédateur se réfugient vers les creux rocheux du rivage. C'est de cette observation qu'on a tiré la technique des parcs de filets en forme d'entonnoir, canalisant les poissons vers leur *rago* préférée. Ils arrivent fatalement à l'ultime filet, la chambre de mort, en étant affolés par la technique humaine.

Cette pêche n'est pas permanente car l'installation des filets ne se fait que lorsque les bancs de poissons sont repérés dans leurs migrations saisonnières.

Cette pêche était d'un tel rapport que même les rois s'y intéressaient en octroyant des droits de *madrago* permanents ou exceptionnels, gratuits ou fiscalisés.

Une *madrago* est donc basée sur une *rago* et sur un *madra*, un parc de filets de pêche. Ce n'est pas seulement un lieu-dit.

Enfin, une *madrago* peut être aussi le nom d'une habitation située sur un ancien lieu de pêche, et la plus célèbre dans ce domaine reste celle de Brigitte Bardot qui a fait connaître le mot provençal au monde entier.

Mais, comme dit Jean-Marc Courbet : “Le moindre des paradoxes est qu’elle habite, elle, la défenderesse des animaux, là où on ‘abattait’ les thons” !

✧✧✧

MAGNAN (Fr. Rég.) - ***MAGNAN*** (Prov.)

Pour obtenir de la soie naturelle, il faut élever des *magnans*, c'est-à-dire des vers, qui par métamorphose donneront un papillon, le bombyx du mûrier. Le *magnan* paraît tirer son nom d'un verbe vénitien, *magnar,* signifiant manger... Il est vrai que le *magnan* a un appétit vorace et tous ceux qui eurent en charge dans leur jeunesse d'aller cueillir la feuille de mûrier pour alimenter une *magnanerie* en savent quelque chose.

La seule nourriture du *magnan* est en effet la jeune

feuille de mûrier qui lui permet de grossir en quelques semaines de façon à ce qu'il ait la force de tisser son cocon dans les branches de genêt placées à cet effet. C'est du cocon, tissé par ce ver, que provient la soie.

Autour du ver à soie se sont greffés des savoirs populaires assez curieux, car il est vraisemblable qu'il était très mystérieux sous le roi Charles VIII de voir comment pouvait naître la soie. Le ver à soie fut introduit en Provence en 1495.

Parmi les croyances, on trouvait en particulier l'interdit jeté sur les maisons où quelqu'un était mort dans l'année. Dans cette maison-là, les *magnans* ne réussiraient pas ! Réussir est bien le mot, car jusqu'au XIXe siècle il y avait une part de miracle dans cette activité particulièrement pénible, longue et délicate, mais aussi vitale pour l'économie paysanne.

En général, c'étaient les femmes et les enfants qui s'occupaient de l'élevage des *magnans* pendant de longues semaines.

Parmi les croyances, il en était une fort particulière qui prétendait que les ménages de jeunes mariés étaient plus doués pour réussir un élevage. C'est peut-être de là que vient la très fameuse locution concernant *lou magnan di braio que mountavo soulet davans la damo*.

Et j'aurais vergogne à vous traduire tout ceci...

✧✧✧

MAGUELONE (Fr. Rég. et Nat.) - ***MAGALOUNO*** (Prov.)

S'il est un prénom qui revient à la mode c'est celui de Maguelone.

C'est semble-t-il de ce nom provençal et languedocien, *Magalouno*, qu'est tiré le diminutif *Magali* qui, comme fourmi, ne s'écrit jamais avec un “e” final.

Magalouno, fut une ville construite voici bien longtemps dans l'Hérault. Son nom rappelle qu'elle a pu être construite par les Phéniciens car, dans la langue de ces navigateurs, le mot *magal* signifie comptoir, entrepôt, refuge.

Mais Phéniciens ou pas, on sait tout de même que c'est Charles Martel qui rasa la ville un peu trop “sarrasinée” pour son goût.

Quoi qu'il en soit de l'histoire officielle, la légende n'en raconte pas moins que la planète Vénus a reçu depuis longtemps le nom de *Magalouno*. Qui sait pourquoi ? Cela vient peut-être d'une adoration de l'étoile du berger par les peuplades antiques vivant à *Magalouno*. Mais la raison reste hypothétique...

Il n'empêche que *Magalouno,* ou Vénus, se marie tous les sept ans avec Saturne, dans une conjonction optique apparente pour les terriens.

C'est ainsi que naquit la légende médiévale des amours entre Saturne, dit Pierre de Provence, et Vénus, dite *Magalouno. “Peire de Prouvènço e la bello Magalouno se courroun après e tóuti lis sèt ans se marridon”*, disent les vieux Provençaux, même s'ils n'ont pas lu Alphonse Daudet qui raconte cette légende dans une de ses *Lettres de mon Moulin.*

Mais *Magalouno* est peut-être aussi un vent d'ouest... du *pounènt* qui a provoqué la naissance du proverbe : *"Quand Magalouno a soun mantèu et lou mount Ventour soun capèu, bouié desatalo e courre lèu"* (Quand la cité de Maguelone est embrumée et que le Ventoux a son chapeau de nuages, il faut dételer les bœufs et courir vite se mettre à l'abri... car l'orage menace en Provence arlésienne). C'est un proverbe du pays d'Arles qui signifie que lorsque l'ouest et l'est sont couverts de nuages, la pluie est pour bientôt.

C'est sûrement un coup de Saturne, le maître du temps qui passe... et pour certains du temps qu'il fait.

✧✧✧

MAIL (Fr. Rég. et Nat.) - ***MAIL*** (Prov.)

Le mail ? *"De qu'es acò un mail... N'ia dins tóuti li super marcat"*. Eh oui, tous les supermarchés offrent un *mail* de boutiques. Un *mail* est bien francisé de nos jours, tellement même qu'on croit ce mot d'origine anglaise ! Un *mail* est donc une promenade qui est intégrée avec des boutiques indépendantes dans le giron d'un supermarché...

A l'origine, un *mail* est une promenade, souvent ombragée et toujours sablée, où l'on pratiquait le *jo de mail*, un jeu médiéval combinant les quilles et le croquet. Certains disent que c'est l'ancêtre du golf à cause du maillet dont on se servait pour pousser une boule de bois en direction des quilles à abattre.

C'est le jeu qui a donné le nom à la promenade, et c'est le maillet qui a donné son nom au jeu. Si on creuse un peu, on s'aperçoit que c'est le latin *malleus* qui a donné son nom au maillet... et que c'est en se servant d'un *malleus* qu'on rendait les choses malléables. A l'origine, les Latins et les Provençaux se servaient d'un maillet en bois pour assouplir les tiges de lin en les martelant, ce qui brisait la résistance du végétal en désolidarisant les fibres prises dans une gaine, avant qu'il ne serve au tissage. Si on frappe quelque chose de résistant, on le rend malléable. D'où l'invention de la *castagno* et du coup de pied au derrière !

Qui a eut l'idée de se servir d'un maillet pour pousser une boule et *desquiller* les quilles ? On ne le sait pas et on ne le saura jamais. Mais vous saurez à présent, sans que je le martèle davantage, qu'un *mail* moderne et commercial est le successeur d'un jeu que pratiquaient les vieux Provençaux, bien avant qu'on ne songe à inventer le jeu de pétanque... Mais à la pétanque aussi les ronds sont indispensables... tout comme dans les boutiques d'un *mail* !

✧✧✧

MANADE (Fr. Rég. et Nat.) - ***MANADO*** (Prov.)

Il y a quarante ans, le mot *manade* n'était guère employé que dans les pays où les *biòu* étaient rois. La Camargue fut un de ces pays qui peu à peu furent conquis par le tourisme qui déplace les gens, mais aussi les mots.

C'est ainsi que même à Lille ou à Strasbourg, on connaît approximativement le mot *manade*... Et on croit de bonne foi qu'une *manade* est un troupeau attaché à un *mât*... comme on dit “là-haut” au lieu de dire *mas*.

Mais il ne s'agit jamais d'un autre troupeau que d'un troupeau d'animaux sauvages... Le mot ne s'applique jamais aux moutons par exemple, mais aux taureaux, chevaux voire aux cochons et même aux hommes de façon péjorative, cela va de soi.

L'étymologie du mot *manado* vient de l'ensemble de la Méditerranée. Ce mot est composé de *man*, *manus* en latin qui a donné main en français, et de *nado* qui signifie rien en midi du Sud-Ouest, et qui se retrouve avec l'espagnol *nada*, qui a la même signification.

Il est donc clair que la main de l'homme n'est pour rien dans ces troupeaux. C'est-à-dire qu'elle n'a pas dressé ou domestiqué ces animaux. Et que par conséquent *manado*, ou *manada* en espagnol, signifie forcément sauvage.

Mais chez les gens civilisés comme vous et moi, une *manado de man* signifie une poignée de main...

Et si je vous fait une *manado*, c'est que je vous serre la main sans aucune sauvagerie...

✧✧✧

MASTÉGUER (Fr. Rég) - ***MASTEGA*** (Prov.)

Quand j'étais *minot*, ma mère me disait toujours : “Il faut *mastéguer*... N'avale pas comme un *galavard*...

Mastegue ta viande..."

Bien avant l'arrivée du "chewoing gomme", on a toujours beaucoup *mastégué* en Provence... La cuisine étant surtout à base de légumes, la mastication était gage de bonne santé... Et si on *mastéguait* c'est qu'on faisait comme les Romains qui eux mastiquaient... mais en latin... et pour eux comme pour nous il s'agissait de *masticatio*... avec les dents du fond, celles qu'on nomme les molaires (les meules) en français et que les Provençaux appellent en bonne logique les *mastegadouiro*... Les dents qui mâchent...

Le propre de la langue provençale est de construire des noms, des adjectifs, des substantifs sur un verbe... et c'est ainsi qu'il est aisé de comprendre qu'une *mastegado* est une bouchée, que le *mastegage* est l'action de mâcher, qu'un *mastegaire* ou une *mastegarello* sont des mâcheurs et mâcheuse, qu'un verbe comme *mastegougna* signifie mâchonner...

Dans le français régional on a essentiellement gardé le mot *mastéguer*, construit sur le verbe *mastega*, mais on a oublié *maisso* qui signifie mâchoire et qui vient du latin *maxilla* qui a donné maxillaire en français.

Quant à mon grand-père il citait souvent le proverbe : *Pèr mastega se fau beissa... e l'ome que se beisso trouvo toujour quaucarèn pèr sa maisso* (Pour manger, il faut se baisser, et l'homme qui se baisse trouve toujours quelque chose pour sa mâchoire...)

✧✧✧

MEC (Fr. Rég.) - ***MÈCO*** (Prov.) : “o” atone.
et **NERVI** (Fr. Rég.) - ***NÈRVI*** (Prov.) : “i” atone.

Ces deux mots sont passés dans le français populaire courant y compris à Paris, à Brest ou à Strasbourg.

Commençons par *nèrvi*... Qu'est-ce qu'un *nèrvi* de nos jours... Sinon quasiment la même chose qu'il y a deux siècles ou presque... C'est un mauvais garçon qui partage son temps entre les femmes, le jeu et la fréquentation des mauvais lieux... Un peu bandit, un peu voleur... Ce nom vient de l'italien. En provençal, *lou nervi* est le nerf, comme en italien. Il vient de l'attitude des jeunes hommes qui avaient une démarche nerveuse, le jarret tendu, et une sorte de costume commun pour marquer leur marginalité dans la société populaire marseillaise. C'était les demi-sels d'il y a environ un siècle et demi, qui régnaient sur un petit milieu en “délicatesse avec la loi” comme on disait dans les salons de la rue Paradis.

La langue française a adopté *nèrvi* comme elle adoptera un peu plus tard le mec, devenu mecton en argot parisien du début de ce siècle.

En Provence un *mèco* était apprécié. Ce mot est de l'argot marseillais. Il vient du latin *melior* qui signifie meilleur.

Un mec était donc tout naturellement le meilleur... mais pas forcément un brave homme, une bonne pâte... C'était un mec dans sa spécialité... D'où la foule d'expression utilisée aujourd'hui :

Un brave mec, un sacré mec, un drôle de mec... et même “cette fille est un bon mec”... Ce qui est assez culotté... si j'ose dire.

Le vieux sens provençal de meilleur s'est très atténué, mais le mot est resté dans le langage populaire...

Et il y eut même un félibre qui écrivit *"Lou grand mec d'adaut"* (Le grand mec d'en haut) pour définir Dieu le père... qui par vocation est forcément le meilleur !

✧✧✧

MENPENTI (Fr. Rég.) - ***M'EN PÈNTI*** (Prov.)
Identique prononciation : minpinti : "i" final atone.

Que veut dire *Mempènti* ?

Il y a le quartier de Marseille nommé Mempènti... Il y a l'expression provençale *"m'en pènti"* et l'expression très marseillaise *"je m'en pinte"* qui est une déformation de la précédente.

Le génie du parler populaire provençal réside dans la création de mots ou de verbes nouveaux... Je m'en *pinte* signifie de nos jours, je m'en moque, je m'en fous complètement...

Or à l'origine, en provençal *"Me n'en pènti"* contracté en *M'en pènti* signifie exactement le contraire c'est-à-dire je m'en repens, avec le sens de regret.

Lorsque Henri IV écrivait "Pends toi brave Crillon, . Nous avons vaincu à Arques et tu n'y étais pas", cela signifiait "repens toi", donc regrette de ne pas avoir triomphé avec moi... Mais ce n'était pas une invitation à se pendre, pour le maréchal Crillon !

En provençal, le verbe *se penti* veut dire se repentir...

et *penti* veut dire punir... *Siéu bèn penti.* (Je suis bien puni)...

Ainsi donc le quartier actuel de Menpènti, c'était le quartier où l'on se repentait, car dans les temps anciens, il y avait une maison de repentance... Ce qui nous a entraîné bien loin de l'expression moderne... Mais peut-être que vous vous en *pintez* ?

✧✧✧

MENTHE (Fr. Rég. et Nat.) - ***MENTO*** (Prov.) Le “o” est muet. On prononce : minte.

La menthe est utilisée au quotidien pour les salades, taboulés et autres infusions...

La langue française a fait sien le nom de menthe qui vient directement du latin en passant par le provençal *mento*.

Cette plante si agréable a mauvaise réputation car elle se reproduit par marcotage, c'est-à-dire sans graines.

Cette absence de graine serait une punition selon la légende qui raconte pourquoi cette plante fleurit mais ne donne pas de graines.

On dit en effet que lors de la fuite en Egypte, pour échapper au massacre des Innocents décrété par le roi Hérode, voici 2 000 ans, la Vierge Marie chercha l'ombre d'un touffe de menthe. Cette ombre lui fut refusée par la plante, d'où sa condamnation divine à une stérilité éternelle !

C'est de cette légende qu'est venue chez les

Provençaux la certitude que la menthe était anti-conceptionnelle !

Je dois dire que je ne sais en quelle quantité, ni comment ni à quelle heure elle doit se consommer... Sûrement pas avant ni après le câlin, mais sans doute à la place !

Il faut savoir aussi que dans les Hautes-Alpes, une *mento* est une verge, ce qui a donné mentule en argot français...

Et cette *mento*-là n'est généralement pas stérile en petites graines...

✧✧✧

MENU (Fr. Rég. et Nat.) - ***MENUT*** (Prov.) Se dit : ménu.

L'adjectif français menu, comme menu fretin, a le même sens qu'en langue provençale où il prend un “t” à la fin parce que ce mot se dit *minutus* en latin et donne *menut* en provençal.

Menut comme menu donne un sens général aux petites choses, aux détails : menue monnaie, détailler par le menu, éplucher minutieusement, couper menu...

Et si ce *menut* est devenu celui qu'on vous présente dans les restaurants, c'est parce que ce menu-là donne les détails d'un repas.

La langue provençale a construit une foule de mots, adjectifs ou verbe sur ce *minutus* latin, y compris *mènuguet* (menuet), *mènudet* (très petit), *mènusié* (menuisier), *mènudo* (petites herbes fines), *mènuda* (rendre menu en coupant, diviser une matière), et *mènudo* (ancienne mesure de longueur équivalent à 31 m/m, soit la huitième partie du pan de 25 cm.

C'est sans doute de Marseille que fut importée en France la locution menue monnaie, car le *mènut marsillès* était une pièce de monnaie frappée par les comtes de Provence...

L'histoire du mot valait la peine d'être un peu découverte, même en oubliant de menus détails... comme trotter-menu que monsieur de la Fontaine a francisé à partir du *trisso-mènut* provençal où se retrouve le provençalisme moderne *"me trisso"* (je trotte) (je m'en vais)... *"Trisso-tè !"* (Vas t'en !).

Enfin, j'aurais mauvaise conscience d'oublier *lou pisso-mènut*, celui qui est tellement avare qu'il se retient de dépenser même ce dont il a rempli sa vessie... Il pisse chichement, comme un prostatique qui pisse en pointillé !

✧✧✧

MESCLUN (Fr. Rég. et Nat.) - ***MESCLUN*** (Prov.)
Prononciation identique.

Le *mesclun* est très à la mode dans les restaurants.

Lou mesclun provençal est un mélange de salade. Point n'est besoin de le préciser lorsqu'on l'annonce sur un menu de restaurant puisqu'il ne peut s'agir d'autre chose que de salades champêtres mêlées.

On objectera toutefois qu'un mesclun peut être également un imbroglio, un composé quelconque ou un mélange... Mais il est rare qu'un imbroglio soit annoncé au menu du jour !

Ce mot provençal en cours de naturalisation française par la *vox populi* vient du verbe latin *misculare* signifiant mélanger, brouiller, mêler... *Tout se pòu mescla.* (Tout peut se mêler), s'allier, depuis les métaux jusqu'aux êtres humains, en passant par les cartes à jouer, les liquides, les nourritures et bien d'autres choses...

Un bon *mesclun* doit se faire uniquement en mêlant des salades champêtres, pissenlits, mâches, saladelles diverses. La salade cultivée n'est pas recommandée étant trop fade.

Les parfums un peu poivrés des salades champêtres ne demandent rien d'autre que de l'huile d'olive, un peu de vinaigre, du sel, et une gousse d'ail écrasée à la fourchette au fond du saladier...

La moutarde est inutile, le poivre peut convenir pour certains mais n'est pas indispensable... Et en tout cas, ne jamais faire un *mesclun* avec une vinaigrette dosée en usine... C'est un gaspillage hérétique à base d'huiles incertaines et de produits bizarres qui n'ont aucune personnalité... Car un vrai *mesclun* doit refléter le caractère et la personnalité de son préparateur de vinaigrette. Le proverbe est clair : “Il faut un prodigue pour l’huile, un sage pour le sel, un fou pour le poivre et un avare pour le vinaigre”.

Tous les cuisiniers dignes de ce nom sauront vous le dire, et tous les gourmands aussi... Les vrais amateurs de *mesclun* dégustent celui-ci uniquement avec des pommes de terre au four, à la vapeur ou bouillies et s'en contentent comme d'un repas royal achevé avec un agréable fromage au lait cru... plus un vin léger... mais rouge... Bon appétit !

✧✧✧

MINOT (Fr. Rég.) - ***MINOT*** (Prov.)

Le mot *minot* est typiquement marseillais bien que la façon de l'écrire soit souvent considérée comme provençale, dans la mesure où un *minot* était en Provence une capacité de grain.

On disait plus couramment *eiminau* ou *eiminado* qui se retrouve encore chez les paysans estimant une surface. Eux ne parlent pas en hectares, mais en *eimines* (émincées).

L'*eimine* était donc une capacité de grain ensemençant une surface et c'est le contenu de la mesure qui donnait la surface.

Quant à *minot*, c'est plus précisément une capacité utilisée au bord de mer et en particulier dans les salines, mais aussi en “minoterie”, où précisément se remplissaient les *minots* avec la fleur de farine.

En réalité il semble bien que le mot *minot* qui désigne toujours un petit garçon (un *pichot*) et qui s'est féminisé à l'usage, une contraction de plusieurs mots affectueux.

Par exemple, *mignot*, *minou*, *minet*, *moune*... La connotation de ces mots est toujours gentille et fait penser naturellement au chat, au “minou” français.

Or en provençal un *chat* n'est pas un chat... Un *chat* est toujours un garçon et bien entendu une *chato* est toujours une fille. (Prononcer *tsa* et *tsato*).

Mais il s'agit là d'enfants et non d'adolescents déjà *grandas*. Pour les pubères on dit *fiho* ou *garçoun*, et dans le temps on disait *drole* et *drolo*...

Un *minot* est donc un petit garçon et c'est dans ce sens que ce mot de français régional est utilisé au quotidien et a même été digéré par la langue française qui distingue "mine", mesure de capacité et la "demi-mine" qui est un minot en bon français...

D'où on peut conclure qu'un *minot* est tout simplement une demi-portion.

✧✧✧

MISTRAL (Fr. Rég. et NAT.) - ***MISTRAU*** (Prov.)
Se prononce "mistraou".

Le mot mistral est la traduction française du *mistrau* provençal.

"Bouffo pas pèr rire lou mistrau" (Il ne souffle pas pour rire le mistral). On a dit que le mistral était un des trois fléaux de la Provence avec le Parlement d'Aix, (du temps ou il existait), et avec la Durance, à l'époque où elle ne connaissait pas les barrages !

Ce fameux mistral est un vent maître... Le mot *maestrale* en gallo-romain dériva d'abord en *maestral* puis en *mistrau*, mais il souffle toujours du nord-ouest en direction de la Méditerranée... Les marins l'appellent *vent terrau*, vent de la terre. C'est le vent majeur, le vent magistral dont on dit qu'il *derrabo la co dis ase* (qu'il arrache la queue des ânes) ou qu'il est le *manjo fango*, le mange boue, parce qu'il sèche rapidement les sols détrempés.

Ce vent puissant a modelé le paysage provençal dans la vallée du Rhône en provoquant la plantation des haies de cyprès mais aussi l'orientation des fermes et rues dans les villes avant que la mode “hausmanienne” ne fasse percer des avenues dans le sens sud-nord... selon des plans d'urbanistes qui ne connaissaient pas sa puissance. On pensera pour mémoire aux rues de la République de Marseille ou d'Avignon.

Il est donc naturel qu'un vent si formidable, caractéristique de la Provence, ait donné naissance à de nombreux dictons autour des *mistralado* (les bourrasques), du *mistralas* (mistral violent et impétueux), du *mistralet* (petit mistral léger).

Et puis on dit aussi que le mistral souffle trois, six ou neuf jours d'affilée. Mais il faut des conditions, et celles-ci sont oubliées...

Le mistral souffle trois jours s'il se lève un lundi, ou alors un seul jour ! Mais quand il se lève le jeudi, il souffle trois jours ou neuf jours !

Le vendredi, il ne va pas au dimanche de peur de se noyer (car il pleuvra le dimanche). Le mardi il devient rance comme le lard, sous-entendu il dure très longtemps. A remarquer qu’autrefois (avant 1850) au nord d’Avignon, on ne parlait pas de mistral, mais de bise (le vent noir, celui qui naît de la barrière de nuages qui stationne souvent au-dessus de Montélimar. Actuellement, tourisme et médias stupides aidants, on appelle mistral le vent du nord à Valence et au-delà jusque chez les eskimos.

Il est rare que ce vent apporte la pluie, mais cela peut se produire si on en croit le proverbe qui dit *Lou mistrau porto soun barrau.* (Le mistral porte son tonneau). Mais jusqu'à ce jour on ne sait si le tonneau est plein d'eau ou de vin ! Baste... Autant en emporte le vent !

✧✧✧

MOUNINE (Fr. Rég.)- ***MOUNINO*** (Prov.)
Prononciation identique.

Voici un mot qui fait pincer les lèvres (et c'est une image forte !) de certaines personnes n'admettant pas les mots un peu gras.

Il s'agit du mot *mounine*, qui est pourtant écrit sur toutes les cartes routières de la région par référence au quartier de la Mounine proche de Bouc-Bel-Air, et qui est traversé par la route nationale entre Aix et Marseille.

En provençal, une *mounino* est une guenon, et ce quartier possédait une statue de guenon ornementale qui lui a donné son nom. La station-service de la Mounine a d'ailleurs maintenu cette référence géographique et statuaire décorative.

La *mounino*, la guenon a le visage souvent très ridé, et les grimaces des singes, pleines de fronces, de plis et de rides sont éminemment expressives.

L'ennui pour les *cuou estré*, (les culs pincés en bon français), reste que la malignité de la langue provençale a fait assimiler le visage de la guenon à une partie du corps féminin... Du coup le nom très propre de la *mounino* a vite été classé parmi les mots “sales” voire gras ou gros...

Quoi qu'il en soit, la *mounino*, guenon ou pas, est passée dans la langue populaire, avec ses fronces, ses rides et ses grimaces expressives...

A l'occasion, lors d'un passage de cirque, allez donc contempler une tête de guenon, ce qui vous permettra de juger si les vieux provençaux avaient raison ou tort d'assimiler la *mounino...* au sourire vertical.

✧✧✧

MOURRILLON (Fr. Rég.) - ***MOURILLOUN*** (Prov.)
Prononciation : en provençal la dernière syllabe est nasale.

Lou Mourilloun... Le Mourillon est un quartier de Toulon très apprécié des Toulonnais et de leurs visiteurs.

En Provence, on sait que *mourilloun* vient de *mourre*. Et le *mourre* est un mufle, un museau... C'est toujours une tête animale, sauf si on l'emploie au figuré pour qualifier un visage : *“Arresto de faire toun mourre”* c'est-à-dire “Arrête de faire la gueule”.

D'innombrables noms de lieux géologiques sont nommés par référence au *mourre* original. Il est vrai qu'une montagne, une falaise, un rocher, peuvent ressembler à une groin de cochon, une hure de sanglier, une tête bizarre. Du coup, les anciens ont qualifié le lieu géographique avec *Mourre* et ses déclinaisons comme *Mourras*, gros mufle, ou *Mourillon*, petit mufle.

Le Mourillon de Toulon est donc à l'origine un petit mufle de terre dominant la mer, et c'est loin d'être péjoratif car un *mourilloun* signifie aussi en provençal “joli petit minois”...

Et il n'a jamais été déplacé de dire à une fille qu'elle a un *mourilloun* bien tentant... *pèr li faire un poutoun* (pour lui donner un baiser).

Quant aux marins qui revenaient vers la côte, ils étaient heureux de voir la terre ferme *mourreja*, c'est-à-dire pointer le museau vers le large, cela leur garantissait qu'ils allaient retrouver leurs femmes pour *mourreja*, leur donner des baisers.

Le provençal est ainsi fait. Il embrasse sa femme comme la terre embrasse la mer, ce qui est véritablement mythologique si on songe que l'eau et la terre se complètent dans toutes les traditions anciennes ayant trait à la fécondation.

Ce qui explique le proverbe *“As un mourre que n'en fara courre”* (Tu as un visage qui fera courir beaucoup d'hommes après toi).

✧✧✧✧✧✧✧✧✧✧✧✧✧✧✧✧✧✧✧✧✧✧✧✧✧

N... comme : Navette – Nougat – Novi

O... comme : Okay

P... comme : Paillaisson – Panard – Panisse – Pantailler – Paradou – Passage à tabac – Pastis – Pastrage – Patis – Patraque – Pébra – Pégoulière – Péniquet – Pépidon – Pescadou – Pétoche – Picaillon – Pichot – Plan-Planet – Poudre d'escampette – Poutargue – Poutoun

NAVETTE (Fr. Rég.) - ***NAVETO*** (Prov.)
Prononciation provençale : navète.

La navette moderne, celle qui se distribue le 2 février pour la Chandeleur a pour ancêtre la nave, la nef, ou mieux, le navire, puisque nef a donné *nave* et *nave* a donné navire, ainsi que navigation, navigant et naviguer...

Une *naveto* provençale est donc une petite nef. Elle évoque la fragilité humaine par rapport aux éléments naturels. Elle est la protection de la régénérescence, de la lignée à venir...

En Provence, la tradition pieuse veut que la *naveto* représente la barque des Saintes-Maries-de-la-Mer, d'où les saints ont essaimé en Provence pour régénérer les hommes... L'image est trop belle pour s'en priver mais elle pose problème, car on ne voit pas du tout la raison pour laquelle des images de petites barques seraient distribuées le jour de la purification de la Vierge Marie, quarante jours après la naissance de Jésus pour satisfaire au rite hébraïque des quarante jours de jeune sexuel après une naissance.

En réalité la *naveto* est une métaphore soigneusement affinée car ce biscuit béni dégusté par les fidèles représente toute la symbolique du sexe féminin qui, de tous temps, fut assimilé à un calice sacré donneur de vie et prolongateur de lignée.

Une ambiguïté totale se manifeste entre les réceptacles sacré et féminin, et la métaphore de la *naveto* rejoint la grande mythologie plus ou moins magique des siècles pré-chrétiens...

Comme la barque des Saintes-Maries, la *naveto* donne naissance à un avenir... Elle est de ce fait consacrée, comme son contenu...

Du coup, il est aisé de comprendre que si les navettes sont distribuées à Saint-Victor de Marseille le jour où se fête la purification de la Vierge... cela n'est rien moins qu'innocent, et que sous couvert de tradition on avale tout autre chose...

✧✧✧

NOUGAT (Fr. Rég. et Nat.) - ***NOUGAT*** (Prov.)

Le nougat de Noël mérite une petite visite car c'est à l'origine un mot particulièrement provençal... On sait que cette friandise est composée de miel et d'amandes (de nos jours). On mangeait déjà du *nougat* avant que les amandiers ne soient plantés en Provence après les croisades...

Voici quelques siècles un *nougat* était aux noix... et c'est pour cela qu'on dit la plupart du temps, nougat aux amandes, afin de préciser.

Nougat vient de noix. Un *nougaioun* est le cerneau de la noix.

Une *nougueto* est la petite noix. Et *li campano di nougat*, se sont les carillons de Noël, ceux qui annonçent le *nougat*, met sacramentel du temps de *calendo*...

Pourquoi sacramentel ? Tout simplement parce que le nougat est symbolique de l'union mythologique entre Dieu et l'homme...

Il se compose de miel, nourriture pure comparable au lait pour les textes bibliques. C'est le côté positif de l'homme.

La seconde composante est le cerneau de noix. C'est le côté impur de l'homme. Le cerneau est semblable à un cerveau dont l'homme aurait voulu remplir les circonvolutions en goûtant au fruit de l'arbre et à la connaissance du jardin d'Eden.

Les deux principes, positif et négatif, (le yin et le yan orientaux) sont enveloppés dans le pain azyme des Hébreux. Celui de Pâques symbolisent l'agneau sacrifié.

Combien de croqueurs de nougat se doutent-ils qu'ils croquent autant de symbolisme dans leur geste gourmand ?

Quant au *nougat de capouchin* (nougat de capucin), c'est une figue sèche dans laquelle on insère un cerneau.

Un régal pour un moine mendiant... mais aussi un véritable péché de luxure par le symbolisme sexuel de la figue et du contenu de la noix !

✧✧✧

NOVI (Fr. Rég.) - ***NÒVI*** (Prov.) - Le "i" atone.

Le mot *nòvi* est non seulement employé dans le langage du français régional, mais aussi écrit, notamment dans les journaux quotidiens où les photos de *nòvi* sont courantes.

Un *nòvi* est un jeune marié, et le mot est généralement employé au pluricl, nc scrait-cc quc dans l'expression "*Vivo li nòvi*" lancée à la sortie de la mairie ou de l'église, et parfois des deux, lorsque les fiancés sont devenus époux.

Nòvi vient du latin, et en gros signifie tout neuf. Il peut désigner le jeune marié, le fiancé ou même le prétendant qui fait sa cour. La *novio* est le féminin.

Il y a un siècle à peine, les mariages provençaux étaient superbes. La robe de la mariée n'était jamais blanche, mais très colorée, souvent rouge, en signe de joie et de beauté.

Les fiancés se présentaient d'abord à la mairie ou *lou conse*, le maire, les unissait civilement, puis allaient à pied à l'église ou *lou capelan*, le curé, faisait jouer les orgues et célébrait le mariage religieux entouré de tous ses *clerjoun*, les petits clercs, c'est-à-dire les enfants de chœur.

A la sortie, on recevait les félicitations dans la sacristie et, en même temps, plein de *"pan de nòvi"*. Le "pain de fiancé" était le baiser de félicitations donné aux jeunes époux et les baisers qu'ils rendaient... Ce n'était pas un pain très nourrissant mais ce "pain de fiancé" faisait allusion à cette période de lune de miel où l'on vit d'amour et d'eau fraîche... Autrement dit, de pains en forme de baiser...

A la sortie de l'église, les gosses du quartier criaient *"Vivo li nòvi"* en espérant des dragées ou des piécettes. Et si les *nòvi* étaient chiches en ce domaine, les gosses chantaient : *"Lou capelan lis a rouina"* (Le curé les a ruinés). Il y a longtemps que ces cris ne s'entendent plus sur le passage des *nòvi* et c'est bien dommage... C'était autre chose que les coups de Klaxons !

✧✧✧

OKAY (Fr. Rég. et Nat. américain) - ***AU QUEI*** (Prov.)
Même prononciation dans toutes les langues : aoukey.

Mot dont on ne peut croire qu'il vient du provençal. Mot importé d'Amérique depuis la Libération de 1945... *Okay, Okay* ! Ce mot employé couramment dans la langue française et bien évidemment dans le français régional (on dit Okay pour dire d'accord), sans se douter de l'origine dont seule l'intonation dénote le provençalisme.

Okay se prononce exactement comme en provençal, *Au Quéi*, c'est-à-dire “Au quai”, sous entendu d'embarquement. Il s'agit du quai d'un port et en particulier de celui de Charleston en Amérique où les Provençaux d'origine protestante s'implantèrent dès le début de la colonisation du continent nord-américain.

Ces protestants provençaux, fuyant les rigueurs de la révocation de l'édit de Nantes émigrèrent en Hollande et de là en Amérique.

Travaillant sur les ports de Charleston certains Provençaux contrôlaient la qualité des balles de coton avant l'embarquement sur les bateaux. Si la balle était correctement sanglée, bien préparée pour l'exportation ils disaient au porteur : *“Au quéi”*.

C'est-à-dire “d'accord pour l'embarquement, porte la balle au quai, tout va bien”. Sinon la balle devait être refaite avant de recevoir le *“Au quèi”* libérateur permettant le chargement.

Le mot quai français vient lui même du provençal *quéi* et donc du bas latin *caium*. Dans ce mot il y a toujours l'idée de la pierre taillée par l'homme à angles droits. Ce mot a donné *queiroun* pour certains parpaings de maçonnerie et même le *square* anglais pour jardin tiré au cordeau avec quatre angles. Dans la *country-music*, la *square-dance* se danse aussi à quatre angles. Il y a donc dans Okay, l'idée de perfection angulaire, du type lit au carré.

Les provençalistes ne doivent pas désespérer de la langue provençale puisqu'elle fait des enfants outre-Atlantique.

J'espère que c'est okay pour vous.

✧✧✧

PAILLASSON (Fr. Rég. et Nat.) - ***PAIASSOUN*** (Prov.)
Dernière syllabe nasale.

Ce mot naturalisé français depuis quelques années est totalement d'origine provençale et s'écrit généralement *paiassoun*.

Les Provençaux qui ont le sens de la propriété de leurs mots préfèrent utiliser *paiassoun* qu'essuie-pieds.

Un *paiassoun* est un tressage de paille destiné à être placé devant la porte d'entrée d'une maison pour s'y décrotter les pieds ; son nom vient directement de *paiasso*, matelas garni de paille et paille vient du latin *palea*.

Mieux encore, et elle existe depuis plusieurs siècles en Provence, il y a *"la danso dóu paiassoun"* qui permet de s'agenouiller devant la danseuse d'une ronde pour l'inviter.

Paiasso e paiassoun soun fa pèr se pausa (Paillasse et paillasson sont faits pour se reposer) car le *paiassoun* est aussi une petite *paiasso*.

Le glissement vers les activités supposées amoureuses sur une paillasse a donné maintes locutions provençales ayant trait aux joutes sexuelles.

C'est au point même que la locution *"brula paiasso"* (brûler paillasse) signifie qu'on refuse de payer une fille publique après ses services définis à un prix convenu. On lui brûle la "politesse".

On comprend dès lors que la *paiasso* soit un mot qui permette de définir une personne sur laquelle on se couche facilement.

Il en découle qu'un *paiassoun* est le même genre de personne mais d'un format plus réduit.

De sorte qu'il est assez aisé de suggérer qu'un *paiassoun* ne sert pas seulement à se racler les pieds et qu'en bien des cas, c'est plutôt la couenne qui se racle.

Et jusqu'à preuve du contraire, il y a bien un rapport entre l'essuie-pieds provençal, le *paiassoun*, et l'action de prendre son pied, comme on dit de nos jours !

✧✧✧

PANARD (Fr. Rég. et Nat.) - ***PANARD*** (Prov.)

Le mot *panard* ? Panard, c'est le pied en argot du Nord.

Mais c'est pourtant authentiquement un mot du Sud qui signifie boiteux et la plupart du temps, ce mot est employé pour les animaux.

Pour les humains on dit davantage *goi*, *aquest ome es goi* (cet homme est boiteux) alors que pour un cheval on dit *lou chivau panardejo*.

D'après Frédéric Mistral, le mot *panard* dériverait de *pèn*, forme niçoise de *pèd* ou du latin *perna* qui signifie pied.

Précisons qu'on peut dire *panard* ou *penard*. L'expression *"me tèni penard"* signifie donc "je me tiens sur un pied"...

Dans tous les cas de figure, être *panard* ou *penard* a un rapport avec les pieds ou la marche à pied... *Li vau tout panardejant* (J'y vais en boitant) ne signifie pas qu'on y va pénard, c'est-à-dire tranquillement en français populaire. Quoiqu'on puisse dire qu'un *panard* ou *penard* est assez lent dans son déplacement.

Preuve en est le sobriquet de l'étoile Antarès surnommé *Lou Panard* par les Provençaux. Nos anciens avaient remarqué que l'étoile Antarès se levait tard, se couchait tôt et ne s'élevait guère au-dessus de la ligne d'horizon. On doit à la vérité de dire qu'au début du XIXe siècle le sobriquet d'Antarès, *lou panard*, fut appliqué au comte de Chambord par ses adversaires démocrates. Il ne boitait pas, mais comme Antarès, se levait tard, se couchait tôt, et sa réflexion restait à ras du sol !

C'est de là qu'est venue la locution vivre en père (pair) pénard. C'est-à-dire tranquillement comme Antarès, l'étoile flemmarde qui ne fait pas d'efforts.

✧✧✧

PANISSE (Fr. Rég. et Nat.) - ***PANISSO*** (Prov.)
Prononciation identique au français.

Ce nom assez célèbre en Provence pour posséder des armoiries n'est pas une invention de Marcel Pagnol. Une famille Panisse d'Avignon portait sur son blason sept épis de panisse d'or...

Car la panisse est une plante donnant un épi. C'est une graminée comme le millet ; son nom latin est *panicum.*

Panicum a donné *panisso* en provençal, et cette *panisso* pousse de façon sauvage y compris dans les champs de blé.

Dans les pays pauvres comme la Provence, la *panisso* était récoltée pour composer des mélanges nutritifs pour les animaux, et même pour les hommes puisque les Romains en faisaient une bouillie qu'ils nommaient *panicium.*

C'est de cette tradition culinaire qu'est venue l'habitude niçoise et marseillaise en particulier de taster la *panisso* cuite en plein air et vendue comme en-cas apéritif...

Mais la *panisso* moderne n'est plus à base de *panicum.* On a remplacé la graminée sauvage des Romains par de la farine de pois chiche mélangée à de la farine de maïs, le tout fortement assaisonné et cuit en galettes plates et molles qu'on déguste à la main.

C'est tellement mou cette galette de *panisso* que les Niçois ont tendance à surnommer *panisso* une personne lâche et molle.

Vendre la *panisso* n'est pas un gage de grande fortune. La panisso restait dévolue non seulement au petit peuple mais aussi aux miséreux. Et se faire traiter de marchand de *panisso* était particulièrement méprisant.

C'est pourquoi Pagnol a nommé son gros bourgeois, maître-voilier, de ce nom symbole de pauvreté. Ainsi, et pour les initiés, il faisait déjà de l'humour particulièrement populaire.

✧✧✧

PANTAILLER (Fr. Rég.) - ***PANTAIA*** (Prov.)
Prononciation : pantaillé - pantailla.

Le provençalisme *pantailler* toujours très utilisé dans la langue française du Sud est absolument incompréhensible pour quelqu'un du nord de Montélimar...

“Allez, *zóu*, *boulégue*-toi un peu au lieu de *pantailler*” ne peut guère se traduire que par “Allez, va, bouge-toi un peu au lieu de rêvasser...” Car *lou pantai* provençal est un rêve éveillé ou endormi. *Uno pantaiado* est une rêverie.

Il peut s'agir de rêveries amusantes, pour ne pas dire coquines, de cauchemars, de songes divers. Et le rêve – qui peut être collectif – est un *pantaiage*, avec un côté visionnaire parfois, comme pour les rêves des poètes qui sont les rois des *pantaiaire*.

Donnons un exemple concret de ce dernier cas : *"Quand l'Ouhèmo matrassavo lis àutri chourmo, li marsihés pantaiavon de la coupo d'Europo"* (Quand l'OM écrasait les autres équipes, les Marseillais rêvaient de la coupe d'Europe).

Dans le cas d'un cauchemar, on précise *lou pantai que m'estoufo*, le rêve qui m'étouffe, qui m'oppresse...

Ce mot d'origine grecque et latine fut francisé en pantoiser ; la seule trace qui nous reste se trouve dans la locution "rester ou être pantois", c'est-à-dire rêver.

De nos jours encore, après un passage par l'anglais, une *rave-party*, n'est jamais qu'une partie de plaisir chimérique ou de songe-creux. *Lou pantai* provençal s'est construit sur *phantasiari* venu du gallo-romain et du latin *phantasia*, c'est-à-dire fantaisie.

Et en matière de rêve, une *fantasié muscado* est loin d'être désagréable si ledit rêve est un peu coquinet...

✧✧✧

PARADOU (Fr. Rég.) - ***PARADOU*** (Prov.)

On confond généralement le mot *paradou* et le mot paradis.

Ils sont proches évidemment, mais n'ont pas du tout le même sens.

Le paradis est le séjour des élus de Dieu et des belles âmes, et reste l'opposé de l'enfer. Il s'écrit comme en français même en langue provençale mais ici on prononce paradisss… et non “paradis” ! Toutes les expressions autour du mot paradis évoquent les délices divins et éternels. Même les rues Paradis ou du Paradis ! Ces rues conduisaient à d'anciens cimetières gallo-romains. Les premiers chrétiens, convaincus de tous aller au paradis après leur mort, avaient surnommé Paradis leurs lieux de sépulture.

Quand au *paradou*, c'est un nom qui a la même origine que parade. Il signifie embellissement. Et tous les *paradous* de Provence sont généralement des moulins-paroirs, lieux ou étaient implantés des moulins à foulons dont le rôle était de fouler les draps de chanvre ou de lin pour les assouplir à grands coups de battoirs mécaniques.

Un lieu nommé *paradou* implique toujours un cours d'eau et une chute permettant de faire tourner une roue de moulin. Les draps, une fois traités dans les *paradou* étaient plus délicats, plus fins et plus souples. C'étaient des draps de *parado*... Tellement beaux qu'on s'en servait pour décorer les façades des maisons lors des processions religieuses solennelles, notamment celles de la Fête-Dieu à Aix.

La procession pouvait donc *parada*. Elle était ostentatoire et le mot *parado* provençal qui signifie étalage, démonstration trouve ici tout son sens.

Quant aux différents quartiers campagnards nommés *Parade*, comme celui qui se trouve au sud d'Aix-en-Provence, c'était souvent un lieu où se rassemblaient les troupeaux de moutons. Ce nom viendrait de l'espagnol *parada* ; c'était la parade des troupeaux à vendre.

✧✧✧

PASSAGE A TABAC (Fr. Rég. et Nat.) - ***TABASA*** (Prov.)
Prononciation : tabaza.

Si on analyse cette expression, “passage à tabac”, on se demande ce que l'herbe introduite en France par le Nîmois Jean Nicot vient faire dans ce passage-là. Le *tabac*, et non taba comme en français, parce que le *tabaco* est d'origine indienne et n'arriva en France que par l'Espagne sous Catherine de Médicis.

Le “passage à tabac” est connu comme une pratique violente, une grêle de coups, et se pratiquait dit-on lors d'interrogatoires musclés où les coups remplaçaient les questions lorsqu'ils ne les accompagnaient pas. Dans la langue française tous les dictionnaires citeront l'expression et y ajouteront le verbe *tabasser* en signalant le côté populaire de l'expression.

On peut se demander comment on est passé de *tabac* avec un “c” à *tabasser* avec deux “s” ! C'est un des mystères de cette belle langue et un détournement d'origine car *tabas* avec un “s” n'est pas tabac avec un “c”.

Et *tabas* est provençal de souche, c'est une sorte de tambour qu'on tabasse du verbe *tabasa. Lei peiroulié toujours tabason* (Les chaudronniers frappent toujours). Un *tabasaire* est celui qui frappe.

Un *tabasamen* est l'action de battre et un *tabasage* est aussi violent que le “tabassage” français.

Tabasa vient du latin *tabussare,* et même du grec. D'ailleurs les Provençaux utilisent souvent le verbe *taba-*

sa en le françisant en *tabaser*. La plupart du temps on dit "tu *tabase*" pour dire "tu exagères", c'est-à-dire tu frappes fort !

Ainsi donc, pour utiliser le mot tabac avec l'accent pointu on a supprimé le "c" original pour emmasculer l'accent du Sud et on a parachevé la bêtise en laissant confondre le verbe provençal *tabasa* (frapper) avec la plante originaire de l'ile de Tabago. Si j'ose dire, cela reste un viol de vocabulaire. Ils *tabasent* ces Nordistes !

✧✧✧

PASTIS (Fr Rég et Nat.) - Finale accentuée en "s".
PASTIS-FASTI (Prov.) - Idem pour pastis, mais finale atone pour fasti.

Le mot *pastis* est naturalisé par les dictionnaires depuis quelques années avec la définition suivante : boisson alcoolisée parfumée à l'anis, et au figuré très populaire, problème embrouillé. Un drôle de pastis !

L'origine du mot est provençale, c'est *pastis-fasti*, qui signifie mélange, avec un sens péjoratif très net, mais ce n'est pas le mot *pastis* signifiant pâté charcutier.

C'est du pâté de viande qu'est venu *pastissoun*, petit pâté confondu avec *palissoun*, baguette de maître d'école pour punir les dissipés. De nos jours : "Je vais t'envoyer un *pastisson*", annonce l'arrivée d'une gifle.

Le mot *pastis*, pour l'apéritif, moquait les artisans traficoteurs d'alcool à l'anis. Le *pastis* qu'ils faisaient n'avait pas bonne réputation à l'époque ou l'absinthe régnait.

C'est l'industriel Paul Ricard qui a fait du mot péjoratif *pastis* un nouveau mot de la langue française, en lançant son apéritif sous ce nom, avec le célèbre mode d'emploi des cinq volumes d'eau dans le verre pour un volume de pastis.

C'est aussi lui qui inventa la "Momie", verre plus petit. *Momie* venant de l'argot marseillais *mom* pour enfant. On l'appelle aussi affectueusement la *mominette*, avec ou sans glaçons.

✧✧✧

PASTRAGE (Fr. Rég.) - prononciation identique.
PASTRAGE (Prov.)

L'origine de ce mot est bien lointaine et latine avec *pastor* qui a donné pasteur, pastoral et autres dérivés en langue française.

Le pâtre est le berger français comme *lou pastre* est le berger provençal. Quant au *pastrage*, c'est une cérémonie particulière à la Provence ; elle ne concerne que les églises en temps de Noël.

Le *pastrage* consiste à introduire un agneau au sein de l'église au cours de la veillée de Noël pendant la messe de minuit, pour qu'il participe à la fête, en offrande à l'enfant jésus.

Quelques symboles y sont attachés et en particulier ceux qui sont liés aux textes religieux : "Je suis l'agneau de Dieu", "je suis le pasteur du troupeau des hommes". Y est évidemment lié, le fait que ce sont les bergers qui, les premiers au monde, ont reçu la bonne nouvelle apportée par un messager angélique.

Bergers et troupeaux réduits sont donc admis dans les églises selon une tradition qui n'a guère que deux siècles à peine, voire davantage pour certains.

Avant la Révolution, les animaux, même les agneaux, n'entraient pas dans l'église. En revanche au Moyen Age les églises représentaient déjà des scènes théâtrales nommées Mystères ou la Sainte Famille et les bergers étaient présents en même temps que les anges, ces fameux anges de nos campagnes qui entonnaient l'hymne des cieux en chantant le *Gloria in excelsis*. Quant aux animaux, moutons, âne et bœuf de l'étable, ils étaient en plâtre peint.

Il n'y a qu'en Provence, que le *pastrage* de la veille de *Calendo* se poursuive de nos jours dans certaines églises.

✧✧✧

PATIS (Fr. Rég.) - ***PÀTI*** (Prov.) - Prononciation : paaati.

Li pàti, (*lou pàti* au singulier) C'est quoi au fait cet endroit ou l'on envoie volontiers le gêneur ? : “Eh, *couiounas, vai i pàti*”.

Li pàti, ce sont les pacages un peu sauvages.

Ce sont des lieux éloignés des villages et en général les plus mauvais terrains. Si on vous envoie en ces fameux *pàti*, c'est qu'on tient à se débarrasser de vous.

Mais dans ce genre injurieux rien n'arrive à la cheville de *curo-pàti*. C'est-à-dire, cureur de fosse d'aisances, car *lou pàti*, lui aussi éloigné de l'habitation est souvent au fond du jardin, c'est le cabinet de campagne, le cagadou. Là ou tombent en ruines les chef-d'œuvres de la cuisine, selon un tag déjà connu au XIXe siècle.

Ainsi donc il appartient à l'auditeur de ne pas confondre les *pàti* et le *pàti*. Les premiers sont encore supportables, le second est le cloaque puant.

On souffre *dins li pàti*, soit de faim et de soif, soit pour des efforts abdominaux ou pour l'odeur !

Le proverbe français, "Partir c'est mourir un peu" se pratique en provençal sous la forme *"pàti, es soufri un pau"* car en français comme en provençal, partir, c'est souffrir. Et les dictons ne manquent pas : *"Maridas vous, patirés... Vous maridès pas, patirés tant bèn". Qu saup soufri, saup pàti et qu saup pati, saup gari*. (Si on sait souffrir de la diète, on sait guérir).

Donc, attention à ce mot. Il y a les *pàti*... et si on vous y envoie ce ne sera jamais qu'une balade. Il y a le *pàti*, et là emportez de la lecture ou informez vous sur la nature du circuit évacuateur.

En tout état de cause, un bon égout sera toujours préférable à une fosse de *cagadou*.

✧✧✧

PATRAQUE (Fr. Rég.) - ***PATRACO*** (Prov.) - Le "o" est atone.

Je me souviens de cette maman provençale exilée pour le travail en Alsace qui avait écrit un mot d'excuse pour son *minot* qui avait manqué l'école. "Monsieur l'instituteur, je n'ai pas envoyé Marcel en classe parce qu'il était *patraque*". L'instituteur a compris parce que lui aussi était exilé depuis le Sud pour son travail.

Ce mot devenu quasiment du français populaire est généralement appliqué à la santé humaine : "Je me sens *patraque*, il est tout *patraque*".

Cela signifie qu'on ne se sent pas très bien ; que l'état général n'est pas florissant, mais sans que l'éventuelle maladie soit déterminée. Ce mot n'est ni latin, ni provençal, ni gallo-romain, mais il est en revanche très méditerranéen puisque son origine est totalement espagnole.

Le catalan dit *patreca* et l'espagnol *baldraque*. Cela se traduit par patraque et ne s'applique qu'aux objets, machines ou instruments.

Une machine est *patraque* si elle est usée et vieille. D'où vieille *patraque* pour une voiture usée et déglinguée.

Le sens original a glissé vers la machine humaine si celle-ci est usée par le vieillissement ou la maladie.

Le mot *patraque* est donc tout à fait indiqué pour évoquer les vieilles choses en mauvais état, et c'est probablement sur ce mot espagnol que s'est fabriqué en provence le mot *patricot* qui signifie échange ou troc lorsqu'il s'applique à l'action du *patricoulaire*, c'est-à-dire du brocanteur qui par définition ne s'occupe que des objets usés.

Par suite, on peut envisager d'aller échanger son mari ou son épouse chez un brocanteur, pour peu que l'une ou l'autre soit *patraque* !

✧✧✧

PÉBRA (Fr. Rég.) - ***PEBRA*** (Prov.)
Prononciation identique : pébra

Le verbe *pebra* signifie poivrer, et vient du latin *peper* comme le nom de l'épice, le poivre.

On entend souvent parler du pèbre d'ase qui se traduit régulièrement par poivre d'âne. On dit aussi *pèbre d'ai* car *ai* et *ase* ont le même sens. *Lou pèbre d'ai* ou d'*ase* est la sarriette. Les ânes en sont friands et on dit que ça les "émoustille". Cette plante sert à agrémenter les fromages et à prévenir les flatulences lorsqu'on en met dans les plats de farineux : haricots blancs, fèves, etc.

Elle est moins piquante au goût que le bon vieux poivre noir ou blanc. C'est cet aspect du poivre, le piquant qui est retenu dans bon nombre d'expressions provençales du genre : *"Fort coume lou pebre"* (Fort comme le poivre). *"Trop de pebre gasto la sausso"* (Trop de poivre gâte la sauce).

Quel ome es un pebre : cet homme est du poivre. Cela signifie qu'il a un esprit rare et même épicé.

On dit aussi *"as la lengo pebrado"*, il a la langue poivrée. C'est-à-dire piquante et venimeuse.

Et lorsqu'on *pebreje*, cela signifie qu'on est en colère, qu'on enrage.

Quant à la *pebriero*, c'est le poivrier. *E fau pas escampa la pebriero.* Il ne faut pas renverser le poivrier car c'est réputé porter malheur, comme le gaspillage du sel renversé sur la table.

En réalité, le tabou en question vient de l'époque ou les épices et le sel valaient très cher. Si on les gaspillait cela coûtait tellement qu'on a attaché une superstition à ces produits.

Du côté de Nîmes existait une expression très colorée à propos des maladies vénériennes. On les nommait *li canto pebre*. C'est-à-dire les chante poivre. Sûrement parce que là où elles se situaient elles piquaient beaucoup. Et quand quelqu'un *cantavo pebre* c'est qu'il avait trouvé beaucoup d'épices dans l'amour !

✧✧✧

PÉGOULIÈRE (Fr. Rég.)
PEGOULIERO (Prov.) - même prononciaion qu'en français régional.

Une *pégoulière* est un fabrique de poix, c'est l'endroit où on transforme la résine en pâte imperméable et collante : la poix.

Près de la cathédrale, sur le vieux port à Marseille existe toujours le lieu-dit de la *Pegouliero*. C'était la base de tous les ouvriers calfateurs, ceux qui utilisaient la *pego* pour étancher les coques des bâteaux en bois.

La *pego*, c'est-à-dire la poix, mais aussi la glu, la colle et la résine, a donné bien des dérivés en langue provençale, mais *pégouliére* n'existe plus que comme nom de lieu-dit car les usines de fabrication de poix n'ont plus la même utilité.

En français régional, c'est le mot *pégue* qui est resté

dans le langage courant et qui est synonyme de collant, visqueux ou gluant.

Ainsi un *peguon* est une personne ennuyeuse, collante et *Pegomas* du Var tire son nom de la résine, *pégo*, de ses pins.

Quant au *pegot*, surnom populaire du cordonnier, on le doit aussi à la poix dont le cordonnier enduisait ses fils pour les imperméabiliser.

Mais le mot *pègue* vient d'entrer à présent dans la langue scientifique par le biais d'un rapport établi chez les cadres d'Eurocopter ! Rien que ça ! En effet, on ignore parfois que l'écoulement de l'air sur les pales d'un hélicoptère présente une certaine viscosité et qu'il est important de connaître son degré pour établir des normes et paramètres. Le mot viscosité ne convenant pas pour définir ce paramètre, un ingénieur provençal a proposé "pégosité" ; et tout le monde a été d'accord pour que la pégosité du métal des pales entre dans les termes scientifiques utilisés par Eurocopter. Etonnant non ?

✧✧✧

PÉNIQUET (Fr. Rég.) - ***PENEQUET*** (Prov.)

Je connais un magasin de souvenirs provençaux qui a carrément pris pour enseigne "Au penequet". Vous pouvez vérifier, c'est à Saint-Martin-de-la-Brasque près de Pertuis. Le commerçant a choisi ce nom parce qu'il symbolise parfaitement le temps des vacances pour sa clientèle.

Faire un *penequet*, c'est faire un petit somme en Provence, et pas forcément une sieste... Mais attention *penequeja* veut dire se traîner péniblement, dormir debout.

Lorsqu'on a *lou penecun*, c'est qu'on a envie de dormir, même pour un *penechoun* qui est un petit *penequet*.

Tous ces mots branchés sur le repos viennent du latin *pendere* qui signifie pendre, mais dans le sens de fatigué, comme un fruit trop mûr sur sa branche. Une *figo peneco* est une figue séchée sur l'arbre. Elle a trop longtemps fait la sieste au soleil. Elle fait le *pecouiet* ou *pecoulet,* c'est-à-dire que son *pecout* n'a plus la force de la porter.

Enfin, pour faire le tour de ce mot si connu, je cite volontiers la *penequette* que me promettait ma mère. J'ai su plus tard qu'en Provence, une *penequeto* était une friandise imaginaire promise aux enfants qui allaient se coucher sans rechigner.

La friandise, la *penequeto* était le sommeil... qui est d'ailleurs souvent délicieux.

✧✧✧

PÉPIDON (Fr. Rég.) - ***PEPIDOUN*** (Prov.)

Un *pepidoun* est un pou spécialisé... Ce pou, qui ressemble aux poux humains, est un délicat qui n'aime que les poules.

Ce parasite prédateur des poules n'a pas bonne réputation, car il fut longtemps difficile à détruire et un poulailler infesté de *pepidouns* était une catastrophe, d'autant plus que ces bestioles grimpent facilement aux jambes des humains pénétrant dans un poulailler.

Pour se débarasser d'un importun on dit facilement en Provence :

"Vai te n'èn tria de pepidoun..." (Va-t'en trier des pépidons). Cette tâche aussi inutile que rebutante est l'équivalent de "Va-t'en au diable".

En revanche il ne faut pas négliger l'invitation si une copine vous demande de lui "trier les pépidons".

Mais si quelqu'un vous en veut vraiment, il peut vous maudire en disant : "Je te souhaite d'attraper des pépidons, et qu'en plus tu sois manchot pour que tu ne puisses pas te gratter..."

En provençal, *s'espepidounna* signifie s'épouiller au sens propre. Mais au figuré plus ou moins argotique, il vaut mieux être deux et en principe de sexe opposé, pour traquer le pépidon dans les moindres endroits cachés de chaque corps.

Je vous souhaite beaucoup de pépidons à *espepidouna* de cette façon-là.

✧✧✧

PESCADOU (Fr. Rég. et Nat.) - ***PESCADOU*** (Prov.)

Le mot *pescadou* est un vrai mot de langage régional. *Pescadou*, voilà un parfait mot du Sud... Un mot qui a fait l'unanimité depuis vingt siècles autour de la Méditerranée, et qui se prononce de façon presque identique en italien, catalan, espagnol, provençal, portugais et autres langues bordant la *mare nostrum* (mer notre des Latins).

Avant que l'opérette marseillaise ne lance avec Rellys, la célèbre chanson *Les pescadous, hou hou, de la Martiale*, ce mot d'origine latine avait un sens noble en provençal.

Un *pescadou* provençal est en effet un pêcheur professionnel, un inscrit maritime, un marin pêcheur ; la chanson en a fait un mot péjoratif appliqué aux petits pêcheurs amateurs.

Or, ceux-là, les amateurs sont des *pescaire* en provençal.

A présent, aucun pêcheur professionnel n'admettra qu'on l'appelle *pescadou*. Il préfère être marin pêcheur voire inscrit maritime, c'est davantage politiquement correct semble-t-il et fait utiliser deux mots au lieu d'un très précis, c'est-à-dire *pescadou*, pour définir un métier.

Ce qui est aussi ridicule que de dire mal-entendant au lieu de sourd. Alors, hein... Ohé de la barque ! N'ayez pas honte d'être des *pescadou*, des vrais, de ceux dont les ancêtres latins étaient les *piscator* bien avant que l'on ne découvre Terre-Neuve.

✧✧✧

PÉTOCHE (Fr. Rég.) - ***PETACHO*** (Prov.)

Le mot *pétoche* vient directement du provençal *petacho* qui signifie poltron ridicule, couard et cela très péjorativement puisqu'il est sensé signifier *"avoir la pète au cul"*. C'est-à-dire faire dans ses culottes.

On exagère donc généralement en prétendant avoir la *pétoche*, car littéralement une vraie *pétoche*, même si cela ne se voit pas, doit au moins se sentir !

Ce mot vient du latin *peditus* qui peut allégoriquement se traduire par "cri de joie intestinal" voire vesse ou flatulence pour les puristes, et très populairement par *pet*, mot provençal très correct qui a donné ultérieurement pétard et explosion en français.

C'est un sujet culturel linguistique très européen, puisque le *peditus* latin signifie la même chose en une quinzaine de langues, étant finalement assez proche de l'onomatopée.

Mais, ayant déjà constaté la confusion possible, je vous suis d'avance infiniment reconnaissant de ne pas confondre les mots latins *peditus* signifiant *pet* et *pedibus*, signifiant pied en latin de cuisine. Le pied et le *pet* n'ayant pas la même finalité, comme vous le savez, quoique la marche à pied pratiquée rapidement peut vous permettre de filer comme un *pet* si vous avez la *pétoche*.

✧✧✧

PICAILLON (Fr. Rég.) - ***PICAIOUN*** (Prov.)

Parmi tous les mots utilisés dans la langue française populaire pour désigner l'argent liquide, il en existe au moins un qui vient directement des rives de la Méditerranée : c'est le mot *picaillon*.

Les *picaillons*, généralement mis au pluriel, ne représentent jamais une grosse somme, comme le flouze, la brique, la patate, le fric et le pognon.

Un *picaioun* était une ancienne monnaie de cuivre frappée dans le royaume piémontais. C'était la plus petite valeur, comme notre centime actuel.

Ce mot *picaioun* a été construit sur le verbe *pica* qui signifie frapper, tout simplement parce qu'on frappait ou on battait la monnaie.

Ce mot fut adopté par les Provençaux sous la forme de *picaio*, puis passa en provençal populaire sous sa forme actuelle et désigna non seulement la petite monnaie, la ferraille mais aussi les écus d'or, les écus d'argent, et toute la monnaie en général à une époque ou les billets de banque n'existaient pas encore.

Picaillon eut la bonne fortune de se maintenir dans le langage courant pour désigner quelque chose de qualité comme un écu de valeur. *Quéu picho es un boun picaioun* (Ce petit est un bon garçon).

Les aléas de l'histoire ont finalement ramené *picaillon* à sa valeur initiale puisque ce mot ne désigne de nos jours que de la monnaie de faible valeur.

Les vieux Provençaux disent aussi *dardeno* pour la monnaie légère...

Les *dardeno* étaient des monnaies de faible valeur frappées dans le hameau de Dardene, proche de Toulon.

De toutes façons, *picaillon* ou *dardene*... un sou reste un sou.

✧✧✧

PICHOT (Fr. Rég.) -
PICHOT (Prov.) - Prononciation : pitsot.

Le mot comme *pichot* fait partie comme *minot* du langage courant du français régional.

"Oh, lou bèu pichot". Oh le beau petit, dit-on facilement à propos d'un bébé. Et on dit encore plus facilement *"quello bello pichoto"* pour une belle jeune fille voire une femme. Dans ce cas le *pichoto* se veut flatteur et affectueux.

Pichot et *pichoto* viennent du latin et se sont naturalisés en français très rapidement sous la forme de petiot et petiote.

Dans la région marseillaise, le provençal rhodanien *pichot* devient *pichoun* et *pichouno*, voire *pichounet* et *pichouneto.*

Pichot s'accommode comme adjectif a toutes sortes de noms, et en particulier aux prénoms. En Provence, on parle toujours de petit nom, *pichot noum*, pour parler de prénom et c'est beaucoup plus affectueux ainsi.

On ajoutera qu'il n'y a plus guère que ces locutions précitées dans la langue française régionale car toutes les expressions françaises construites avec le mot petit ont été adoptées par la langue provençale tant sont voisins pichot et petit.

Les proverbes ont leur équivalent français bien connu :

Tout ço qu'es pichot es poulit (Tout ce qui est petit est joli).

Lou pichoun pèis manjo jamais lou gros (Le petit poisson ne mange jamais le gros). *Pichoto bèsti parèis tou-*

jour poulido (Petite bête paraît toujours jolie).

Mais la langue française est plus pauvre que le provençal dans ses constructions de néologismes. On ne peut dire un *pichoutas* (gros garçonnet) en un seul mot. Ni parler de *pichoutaio* avec le mot petit. Or la *pichoutaio* se traduit par marmaille en français, mais *marmaio* est aussi un mot du Sud venant de l'italien *marmiglia*, troupe de petits enfants... C'est ce qu'on nomme une *raille* à Toulon venant du catalan *raia* signifiant à foison. *Uno raille de pichot* est un foisonnement de *minots* !

✧✧✧

PLANPLANET (Fr. Rég.) - ***PLAN-PLANET*** (Prov.)

Le français populaire moderne vient de rejoindre depuis quelques années la langue provençale la plus authentique en créant l'expression “un bon plan” et le verbe “planer”.

L'un comme l'autre ont des origines latines, donc provençales, avec par exemple les mots *plan* et *planet* qui sont généralement dans notre région employés ensemble *plan-planet* formant ainsi un nouveau mot. On est *plan-planet*, on vit en *planplanet*, on se le fait *planplanet*. Mais l'anglicisation du français a toutefois quelques tendances à faire place au mot *cool* pour remplacer le provençalisme planplanet.

Etre *cool* de nos jours signifie très exactement “être *planplanet*”.

Le mot vient de *plan*, mot provençal signifiant, posément, lentement, doucement. Il est homonyme de *plan* qui signifie plaine unie.

L'endroit où précisément on circulait sans efforts. Ainsi le *plan de Cuco*, est la plaine de Cuques, comme celui d'Orgon ou d'Aups l'est pour ces villes.

Reste le mot *planet* qui est aussi un *plan*, donc une plaine ou zone plate, mais de taille inférieure. *Planplanet* est donc une redondance, comme si on disait calme-calmement. L'intéressant reste que lorsqu'on plane de nos jours on est sensé être très détendu. Donc être *planet*. Et que pour être *planet* rien ne vaut un *bon plan*. Comme lorsqu'on est *cool*. C'est qu'on se la coule douce. Il ne faut donc pas désespérer du franglais !

✧✧✧

POUDRE D'ESCAMPÉTTE (Fr. Rég.)
POUDRO D'ESCAMPETO (Prov.) - Prononononciation identique au français.

Tous les Provençaux comprennent aisément la locution *"prendre la poudre d'escampeto"* mais il faut bien le dire, ils n'en connaissent pas le sens exact, même s'ils l'emploient toujours à propos.

L'*escampeto* est le mot provençal qui se traduit par fuite ou évasion en français. Le verbe *escampa* signifie renverser par terre au sens large mais surtout dans un champ, le *campus* latin, *campus* donnant la racine du verbe et des dérivés, comme *escampage* (action de répandre au sol) *escampihado* (chose répandue), *escam-*

po (moyen évasif, faux fuyant, échappatoire) ou encore *escamp* (espace entre deux rangées de vigne). *Prendre l'escamp* ou *gagna l'escamp* signifie littéralement prendre la clef des champs ou gagner le large.

On retrouve ces expressions en français, mais pas certaines autres typiquement provençales, comme *"escampa d'aigo"* signifiant répandre de l'eau et par extension uriner sur le sol.

On peut aussi *escamper* ses économies, ses paroles, son sang ou tout autre chose. On peut aussi *escamper* son repas, et le génie provençal a même donné un nom *"escampo-dina"* (renverse diner) à la ronce bleue, le liseron des champs dans lequel les enfants qui portaient le repas de midi aux paysans restant dans les champs pouvaient s'accrocher les pieds et donc répandre le repas, le diner, ou *lou dina* qui est celui de midi puisqu'en Provence, le soir on soupe. Mais tout ceci n'explique pas cette fameuse *poudre* qu'il faut prendre pour fuir. Il s'agit d'une métaphore superbe, car dans un pays sec comme la Provence, lorsqu'on fuit en courant sur la terre d'un champ, assouplie par la charrue, on soulève un nuage de poussière.

Et c'est cette poussière qui est la *poudre* des champs, donc la poussière de la fuite. La *poudre d'escampeto* !

✧✧✧

POUTARGUE (Fr. Rég. et Nat.) - ***POUTARGO*** (Prov.) et **POUTINE** (Fr. Rég.) - ***POUTINO*** (Prov.)
Prononciation : identique sauf les "o" atones.

Gilbert Bécaud a fait connaître le mot *poutine* au monde entier avec sa chanson *Les Marchés de Provence.*

"A la belle poutine", ce cri des poissonnières n'explique cependant pas ce qu'est la *poutino* qui se confond souvent avec la *poutargue.*

Lou merlan manjo la poutino (Le merlan mange les petits poissons), dit le proverbe. Et c'est bien cela la *poutino*, un banc de sardines très jeunes. La *poutino,* c'est du menu fretin. C'est à frire ou à préparer au citron, et c'est délicieux.

La *poutino* a donné son nom à la *poutiniéro*, qui est le filet aux mailles très serrées qui permet de capturer la "sardinette". Quand à la *poutargue*, c'est le caviar méditerranéen qui se prépare en Provence et en Italie avec des œufs de poissons salés.

Les œufs de muge sont considérés comme les meilleurs pour cette préparation qui se déguste généralement sur des *lesco de pan*, (des tranches de pain) arrosées d'huile d'olive.

Depuis des siècles la *poutargo* préparée aux Martigues, est la plus réputée. Et cette très fameuse *poutargo* martégale, malgré les imitations, reste inégalée disent les fins gourmets qui regrettent de n'en pas trouver davantage sur le marché.

La *poutargo* est réputée excitante... *Es incitouso*, comme on dit en provençal. Elle incite à dépasser quelques bornes, surtout parce qu'elle donne soif.

Cet aphrodisiaque naturel, très apprécié des deux sexes qui l'ont expérimenté, donne donc soif et, s'il fait boire, il désaltère, et on peut donc en conclure que la *poutargo* est désaltérante !

✧✧✧

POUTOUN (Fr. Rég.) - ***POUTOUN*** (Prov.)

C'est le mot *poutoun* qui reste le plus employé en Provence pour définir la bise, le baiser affectueux et parfois amoureux.

C'est au point qu'on surnomme parfois le 1er janvier, la *Sant Poutoun* (la saint baiser). Ce jour-là en particulier on *poutounège*, du verbe *poutouneja* (embrasser, baiser). On donne des *poutounas* (gros baisers), des *poutounet* (petits baisers) et parfois une *poutounado*, c'est-à-dire une pluie de baisers.

Faire un poutoun, c'est donner un baiser. *Manda un poutoun à la voulado*, c'est lancer un baiser avec la main en soufflant sur la main baisée.

Les *felibre* qui étaient de redoutables *poutounaire* (de redoutables embrasseurs, pour ne pas dire baiseurs), ont beaucoup utilisé le mot dans leurs œuvres, ce qui explique qu'il se soit maintenu dans le langage du français de Provence.

Vène que te poutoune ti gauto de velout (Viens que je baise tes joues de velours). Le sens actuel du mot baiser dans le français populaire est assez éloigné de celui des félibres, mais ceux-ci étaient capable de dire : *Mé fai un poutoun long et dous qu'ère mort se n'avié fa dous* (Elle me fit un baiser long et doux qui m'aurait tué si elle en avait fait deux). On se doute ici que le baiser n'était pas sur la joue.

Il est probable que l'amoureux félibre *poutounejavo une bello pichoto*. Le genre de demoiselle dont on disait alors qu'elle avait la *poutounièro facho pèr li poutounarié*. La *poutounièro* était le visage, le nid à baiser, mais aussi la bouche donnant des baisers. Et il allait de soi qu'une belle *poutounièro* appelait les baisers du *poutounaire*, le baiseur qui ne plaignait pas ses *poutouns*.

✧✧✧✧✧✧✧✧✧✧✧✧✧✧✧✧✧✧✧✧✧✧✧✧✧✧

Q... comme : Quéli

R... comme : Ramoner – Raseter – Raspaillette – Ratatouille – Ratoune – Ravi – Recevoir une avoine – Régalade – Regardelle – Réner – Resquilleur – Rodeo – Rouste – Rubis sur l'ongle

S... comme : Sambuc – Santon – Sartan – Seti

QUÉLI (Fr. Rég.) - ***QUÈLI*** (Prov.)

Voici un mot bien provençal, le mot *quèli*, qui en bon français se dit pot de chambre, voire vase de nuit. Son utilisation est devenue caduque par la grâce des chasses d'eau modernes.

Le mot *quèli* vient du latin *chelyon* qui signifie écaille de tortue. Il est probable que les Romains de Jules César se servaient d'une écaille de tortue, la carapace, comme vase de nuit, au moins chez les riches.

L'invention du vase de nuit ne remonte pas "dans la nuit des temps", comme on dit. C'est avant tout un ustensile peu prolétarien, parce qu'assez cher, comme toutes les poteries émaillées qui étaient importées d'Italie jusqu'à ce que Bernard Palissy au XVIe siècle redécouvrit le secret de la faïence.

Sans entrer dans l'historique du vase de nuit, on signalera qu'il porte en Provence non seulement le nom de *quèli*, mais aussi de *berenguié*, de *bernigau*, d'*ourinau*, de *pissadou*. Il s'agit là de poteries diverses de forme et de texture. Mais à Marseille le *quèli* se nommait le *passarès*. Ce mot vient de l'époque où les locataires des étages supérieurs vidaient leurs vases par les fenêtres, directement dans la rue qui servait d'égout.

A toute heure du jour, mais surtout le matin, de véritables orages s'abattaient sur le pavé des rues étroites du centre ville, dans un bourdonnement de cris d'avertissement et de hurlements de passants victimes de l'arrosage malodorant.

Les braves gens qui jetaient le contenu de leurs *quèli*

par la fenêtre avertissaient le passant en criant : *"Passo res ?"* ("Il ne passe personne ?") Et cette locution *"Passo res"* supplanta le *quèli* provençal à Marseille ! Mais le contenu ne changea pas !

✧✧✧

QUITTER (Fr. Rég.) - ***QUITA*** (Prov.)

L'expression provençale moderne "se quitter" employée à propos d'un ménage rompu vient du vieux verbe latin *quietare* signifiant lâcher prise. Il fut employé sous la forme *quita* en Provence et passa au français au cours des siècles.

"Etre quitte" en français avec deux "t" est l'équivalent du *quite* avec un seul "t"... et signifie dans chaque langue, être délivré de toute obligation, dette ou autres. Etre quitte pour la peur par exemple.

Un couple qui divorce se tient quitte mutuellement. *Soun quitaire e quitarello.* Si les amoureux se séparent ils font un *quitamen. Jouga quite o double* quasiment écrit de façon identique en français et en provençal rappelle aussi que *fai bon quita lou jo quand l'on gagno* et aussi que *quau quito, perd.* (Il est bien de quitter le jeu quand on gagne et aussi, qui quitte le jeu risque de perdre). La logique populaire se retrouve bien là en rappelant que *l'argènt nous sèr que quand nous quito* puisqu'il manque.

Le bon vieux verbe latino-provençal a donné une foule de mots français comme quittance, acquis, acquittement.

Mais dans le français régional la locution la plus employée reste “Ils se sont quittés”, on entend aussi parfois à propos par exemple d’un colis à livrer : “Quitte-moi le en passant”. Ce “quitte-moi le” est la traduction littérale du provençal *“quito-me lou”*, et n’est pas du français correct qui doit dire “quitte-le moi”.

Quant à l’expression *“sian quite”* qui veut dire “nous sommes quittes” elle est tellement employée que vous me tiendrez sûrement *quite* de ne pas donner d’exemple.

Allez, *zou*, je vous quitte.

✧✧✧

RADASSE (Fr. Rég.) - ***RADASSO*** (Prov.) - Prononciation identique.

Le mot *radasse* est très employé à Marseille et sur les zones côtières provençales alors qu’il l’est beaucoup moins à l’intérieur des terres.

On admet communément que le mot *radasso* a été construit sur le mot provençal *rado*, lequel signifie tout simplement rade maritime.

On est en *rado* quand on reste au port, sans travail de navigation par exemple… Et comme on n’a rien à faire on se *radasse*, on fait la *radasso*, on paresse, on fainéantise, on tire sa flemme.

Par extension, la langue populaire marseillaise a inventé le mot *radassièro* pour désigner une sorte de divan où l’on peut tirer sa flemme durant la journée.

Par suite, les utilisatrices de *radassières* sont elles

mêmes devenues des *radasses*, des fainéantes et le mot est appliqué aux femmes de mauvaise vie depuis plusieurs siècles.

Le vrai sens du verbe *radassa* est balayer avec un faubert le pont d'un bateau. Le faubert est un balai spécial fait avec de vieux cordages qui n'ont plus de forme à force d'être triturés et traînés.

Du coup, certains ont essayé d'assimiler la *radasso*, molle et sans volonté, aux cordages du faubert. L'image était assez forte pour s'imposer. Mais tout ceci est faux. Car, le nom de *radasso* ne vient pas de la rade précédant un port, ni du faubert maritime, ni du verbe *radassa*.

Dans le sens péjoratif de femme de mauvaise vie, *radasso* est un mot construit sur le mot spécifiquement marseillais *radié*.

Un *radié*, *uno radièro* est l'équivalent du provençal de l'intérieur un *darrié* et signifie dernier, dernière.

Ainsi donc *lou radié* vient à la fin. Il est tout au bout, loin *darrié*, loin derrière. C'est le plus bas niveau de l'échelle sociale et se faire traiter de *radasso* reste cependant "moins pire" que vieille *radasso*.

✧✧✧

RAMONER (Fr. Rég. et Nat.) - ***RAMOUNA*** (Prov.)

Pour le verbe ramoner, l'origine est la même que rameau, c'est-à-dire *romosus* en latin et *ramus* en provençal.

Pour nettoyer la suie des cheminées, on se servait de

fagots de rameaux. Et ces rameaux furent mis à toutes les sauces car leur emploi était facile… Pour faire un balai, par exemple.

Les sorcières étaient réputées partir au sabbat en enfourchant un balai et précisément en passant par leur cheminée.

Or, le sabbat n'était pas précisément considéré comme une réunion de personnages discrets. Les sorcières faisaient un "sabbat" de tous les diables selon l'expression populaire, et s'envoyaient en l'air bien avant que Madonna n'ait eu l'idée d'envoyer sa petite culotte par dessus les micros !

C'est de ces habitudes sabbatiques infernales qu'est venu le verbe ramoner (la cheminée), qui est du pur français, mais a aussi le sens du verbe argotique "ramoner", à propos du coït.

Car, et c'est là qu'il faut bien le préciser, la langue provençale coquinette a de tout temps dit *"faire ramounet"* pour faire "faire l'amour", et assimilant la dame à une cheminée…

Faire ramounet en provençal, c'est se transformer en petit diable car *Ramounet* est le diminutif de *Ramoun*, et *Ramoun* était le diable qui présidait au sabbat des sorcières et donna son nom au balai.

Pensez-y donc au prochain ramonage que vous entreprendrez dans votre cheminée… ou ailleurs.

✧✧✧

RASETER (Fr Rég.)
RASETAIRE (Prov.) ***RAZETAÏRÉ***

Note préliminaire : Ce mot n'existe pas dans la langue française. Il est spécifique au vocabulaire de la course de taureaux provençale, la course à la cocarde où les taureaux ne meurent jamais à cinq heures de l'après-midi.

Précisons tout de suite que le mot raseteur (sans z) vient du portugais ou de l'espagnol et qu'il ne signifie pas qu'on rase, comme on rase la barbe, mot qui vient du latin *rasum*, c'est-à-dire raser au rasoir.

Le *ras*, qui sert de racine à raseteur signifie davantage joindre, être tout contre, comme rez ou ras de chaussée signifie contre la chaussée ou tout contre la chaussée.

Lou rasetaire ne passe donc pas le rasoir sur la tête du taureau pour lui enlever sa cocarde, mais il le rase de près en se servant d'un peigne ou crochet et en esquivant la charge de l'animal.

C'est dans la charge frontale que *lou rasetaire* montre son talent le plus acrobatique *pèr engana la bèsti*, pour ruser avec elle, la tromper en raclant la cocarde avec son peigne, et l'éviter avant de sauter la barrière.

Donc pas de rasoir *pèr lou rasetaire*, mais un peigne (des crochets) comme celui du cardeur de laine. Et ce cardeur se nomme aussi un *rasetaire* ce qui n'étonnera personne lorsqu'on sait que la cocarde portée par le taureau est généralement en laine. Il y a donc une logique certaine dans l'homonymie du cardeur de laine et du "torero" provençal. Tous deux sont des *rasetaire* parce qu'ils passent leur peigne sur la laine !

Il reste donc à se souvenir qu'un *rasetaire* ne rase pas mais qu'il *rasejo*. Alors qu'un *rasaire* est un barbier qui se sert d'un *rasadou* c'est-à-dire d'un rasoir.

✧✧✧

RASPAILLETTE ou **RASBAILLETTE** (Fr. Rég.)
RASPAIETO ou ***RAMBAIETO*** (Prov.)

Le mot *raspaillette* s'entend souvent au jeu de boules dans la locution *"tirer à la raspaillette"*.

Il n'y a qu'en Provence qu'on tire de cette façon. Les pétanqueurs du Nord tirent "à la rafle" ! Façon de tirer peu appréciée sur les boulodromes, mais souvent efficace !

Ce mot *raspaillette* vient du provençal *raspai* et donc du latin gallo-romain qui signifie, restes d'épis de blé traînant sur l'aire de battage. Ces épis sont *raspaié* c'est-à-dire raclés, balayés. Et lorsqu'on les récolte de cette façon, on fait une *raspaieto*. D'où l'analogie avec le jeu de boules où un tir à la *raspaieto* peut permettre de faire une mini-récolte supplémentaire de points. Comme sur l'aire de foulage du blé, rien ne doit se perdre sur un terrain de boules.

Il reste à préciser que celui qui tire à la *raspaieto* est un *raspaire* c'est-à-dire celui qui râpe, qui ne laisse rien aux autres. Mais l'argot moderne des boulistes a remplacé *raspaire* par requin et parfois par râpetout.

✧✧✧

RATATOUILLE (Fr. Rég. et Nat.) - ***RATATOUIO*** (Prov.)

Note préliminaire : à propos de ce plat, on doit signaler qu'il y a toujours discussion autour de n'importe quelle table. Lancer le mot ratatouillle avec un point d'interrogation sous-entendu revient à dire "Et Dieu ?"

Le mot ratatouille est un nom de plat dit « traditionnel », connu de tous les français.

Il arrive même qu'on explique ce mot par l'argot militaire *rata touillé*. En fait, c'est un mot italien qui signifie "lieu où tout peut nager" et fait image pour décrire ce plat où à l'origine se retrouvaient plongés les rogatons de viandes et légumes des repas précédents, cuits à l'huile et à l'eau.

En devenant niçoise la *ratatouio* a quitté son origine très pauvre mais comporte toujours tomates, courgettes, ail, herbes, aubergines et poivrons, le tout cuit dans l'huile d'olive et un peu d'eau.

En Provence (qu'il ne faut pas confondre avec le comté de Nice), on cuisinait aussi un plat de pauvre similaire appelé bohémienne. Cette bohémienne est devenue abusivement la "ratatouille provençale", sans poivrons. Mais chaque légume est cuit séparément avant d'en faire un *mesclun* pour une dernière cuisson.

Cette cuisson, à la *bóumiano*, à la bohémienne, se retrouve dans tous les pays d'ail et se digère très bien.

Il ne faut donc pas oublier que seule la bohémienne est

provençale, alors que la ratatouille, si elle n'est pas faite à Nice, peut très bien être auvergnate ou alsacienne !

✧✧✧

RATOUNE (Fr. Rég) - ***RATOUNO*** (Prov.)

Le joli mot de *ratoune* est souvent employé pour désigner les dents de lait des enfants.

Avoir de jolies ratounes est une garantie de beau sourire, et tout le monde sait apprécier les sourires offerts.

Ce mot *ratouno* vient de rate. En provençal un rat est un *gàrri* et une *rato* une souris. *Ratouno* veut donc dire petite souris, souriceau si l'on veut.

Quel est donc le rapport entre les dents de lait et les petites souris ?

Pour tout vous dire il s'agit là d'un mot tendre et poétique, car il s'emploie pour les dents de lait par analogie.

Les enfants aiment les biscuits et grignotent souvent avec leurs petites dents qui laissent des traces de grignotage exactement comme en laissent les *ratouno*.

Et si on veut aller plus loin on peut ajouter que le mot souris est aussi l'impératif du verbe sourire ce qui permet de montrer les "souris", les *ratouno*.

Et tout cela explique pourquoi on évoque toujours la petite souris qui vient chercher la dent de lait sous l'oreiller des enfants.

✧✧✧

RAVI (Fr. Rég. et Nat.) - ***RAVI*** (Prov.)

Le mot *ravi* est passé dans la langue française parfois sous une forme péjorative, et a le même sens que le mot français ravi venant du verbe ravir, c'est-à-dire soit provoquer le ravissement, soit enlever par force.

En provençal un *ravi* est un être enchanté, admiratif, transporté de joie naïve et innocente. Le *ravi* désigne dans la crèche le santon qui se place d'ordinaire dans l'embrasure d'une fenêtre et qui lève les bras au ciel. Ce santon est souvent représenté en chemise et bonnet de nuit, car il a été réveillé par la musique des anges annonçant la naissance de Jésus. Il semble toujours dire : "Mais qu'il est beau ce petit ! Oh le beau petit qui nous est né..."

Le *ravi* provençal est donc un être simple qui paraît à peine éveillé et ne prononce pas beaucoup de phrases, et s'il est *ravi*, c'est que son sens commun a été emporté par l'émotion puisque dans tous les cas le verbe ravir français vient du latin *rapere* qui a donné rapt et ravisseur.

Ce santon, *lou ravi* est le seul cul-de-jatte de la crèche puisqu'il n'est pas nécessaire de montrer ses jambes compte tenu de sa position dans l'encadrement d'une fenêtre. Mais on trouve aussi des ravis debout.

De nos jours, un *ravi* est généralement considéré comme un être content de lui avec naïveté. Etre traité de *ravi* n'est jamais très flatteur, même si le *ravi* est sensé être un des premiers témoins de la naissance de Bethléem et à ce titre symbolise l'innocence aux mains pleines. J'en suis personnellement ravi pour lui.

✧✧✧

RECEVOIR UNE AVOINE (Fr. rég… et nat…)
RECEBRE DE CIVADO (Prov.)
Prononcer : récèbré dé sivade.

La locution bien française “recevoir une avoine” a une origine particulièrement provençale, quoiqu’aucune raison sémantique latine ne soit en cause.

En effet l’avoine se dit *civado* en provençal, et en latin aussi à peu de chose près.

Cette locution vient d’un rite social provençal, de l’époque où l’avoine était nourriture de luxe pour les animaux et normale pour les humains.

Lorsqu’une jeune femme était courtisée par un jeune homme, elle laissait venir le galant jusqu’à ce qu’il découvre son caractère profond. Si le caractère du prétendant déplaisait pour une quelconque raison à la dame courtisée, celle-ci s’arrangeait pour glisser dans une poche du garçon une pincée de *civado*. Celui-ci découvrait l’avoine dans sa poche au retour de son rendez-vous et savait qu’il ne devait pas insister car il était recalé. La fille venait de lui faire savoir qu’elle n’avait pas besoin de lui pour disposer de revenus suffisants puisqu’elle lui offrait de l’avoine. Ce faisant, elle s’affirmait maîtresse chez elle.

Le prétendant avait reçu son avoine et cette expression est restée en provençal sous la forme *“li a douna de civado”*, c’est-à-dire qu’il a été renvoyé malgré sa cour amoureuse.

Je me demande si tous ceux qui de nos jours "reçoivent une avoine" (de qui que ce soit) pouvaient imaginer que cette expression très populaire avait une origine amoureuse et sociale provençale ?

✧✧✧

REGALADE (Fr. rég. et nat.) - ***REGALADO*** (prov.) - Prononciation identique : le "o" restant atone.

Le mot regalade vient tout à la fois du latin, de l'espagnol, du portugais et de l'italien évidemment.

Il porte l'idée de joie et de plaisir. *Se regalan* (On se régale). *Regala quàuquis ami* (Régaler quelques amis) en leur offrant un festin ; *se regala*, se régaler les yeux, la bouche, le ventre… tout cela implique du plaisir.

Mais la locution la plus connue reste *"béure à la regalado"* (boire à la régalade). La technique est simple et économise les verres car lorsqu'on boit à la régalade, on doit verser dans sa bouche le contenu d'un récipient, en prenant soin de renverser la tête en arrière et d'amincir le filet de liquide. Mais attention, il ne faut surtout pas que la bouteille ou la cruche ou tout autre récipient contenant le liquide de la *regalado* touche les lèvres du buveur. C'est une affaire de politesse et d'hygiène car on se passe mutuellement le récipient.

Le verbe *regala* est très clair car il signifie "couler le long des parois d'un vase" en parlant du liquide qu'on verse.

Lorsqu'on boit à la *regalado*, c'est sans compter les

verres par force, puisqu'il n'y en a pas. Du coup, l'action de *"béure à la regalado"* entre facilement dans les festins, les ripailles et ribotes.

C'est pour cela que ce genre de banquet est surnommé un *"régalamus"* de façon burlesque en singeant le latin des médecins de Molière.

Quant au *regala*, qui signifie un réjoui, c'est un des noms du pot de chambre à Marseille. Ce qui est rien moins que logique car le liquide qui y est déversé coule précisément à la *regalado*, sans toucher les bords. Traduit en français, le *regala* garde tout son sel car le pot de chambre est réjoui par les images qu'il peut apprécier en gros plan !

✧✧✧

REGARDELLE (Fr. Rég.) - ***REGARDELLO*** (Prov.)

Le mot regardelle est explicable, mais intraduisible sans périphrase en français. Or, ici en Provence, *"Manja de regardello"* est très précis, car lorsqu'on mange des regardelles, c'est qu'on fait un repas avec les yeux !

Ce mot contient la racine "regard" qui a le même sens en provençal et en français.

Les *regardello* sont des plats imaginaires. Des festins de fantasmes. On ne vit donc pas de regardelles, selon le proverbe : *"Un ome gaiard coume un biòu, pòu pas vivre de regardello."* (Un homme costaud comme un bœuf ne peut pas vivre de regardelles). Dans ce cas il s'agit bien de nourritures nourricières, mais après un repas, on peut très bien faire un festin de *regardello*, c'est-à-dire se faire un petit plaisir des yeux.

Là, il s'agit de *regardello* digestives, propres à inciter au rêve et à l'euphorie.

Supposons que vous regardiez passer de jolis *chatouno*, de jolies jeunes filles, en dégustant un café à la terrasse d'un bistrot. Eh bien là, vous faites *regardello*. Dans ce cas il s'agit de ne pas lésiner et de s'offrir une belle indigestion de *regardello*, même sans conclusion concrète.

Je vous souhaite un bon appétit dans ce domaine.

✧✧✧

RÉNER (Fr. Rég.) - ***RENA*** (Prov.)

On peut parfois entendre : "Oh, ce petit, il doit faire les dents, il fait rien que de réner" ou alors "Tu n'as pas fini de réner !" voire "Arrête de réner pour rien".

Ce verbe bizarre pour des oreilles non méridionales vient du provençal *rena*, qui signifie, grogner, geindre, grommeler, se plaindre ou vagir, murmurer. Quand on fait tout cela on est un *renaire* car on pratique une *renado* avec *renaduro*.

Ce qui se traduit en français moderne, par être grognon en pratiquant une maussaderie pleurnicharde.

Par exemple, en temps de crise, beaucoup de gens ont maintes occasions de réner sérieusement mais ils peuvent *réner* en ne manquant de rien puisqu'il s'agit d'un état d'esprit grognon tirant vers l'hypocondrie. Même la mer peut *réner* ! Mais c'est au figuré et signifie gargouillis un peu comme ceux d'un ventre trop chargé qui gargouille et dont on peut dire qu'il *rène* comme un porc, ou comme une chatte borgne ou comme un chien de troupeau.

Les *renaire* sont toujours comparés à des animaux. Et la comparaison la plus péjorative reste *réner* comme un cochon ce qui est loin d'être flatteur mais a donné un sobriquet au porc qui est souvent surnommé *lou renaire* (le grognon).

La sagesse populaire a établi que le *renaire* ou la *reinarello* sont incorrigibles avec le proverbe "Qui tiens, tiens, qui râle, râle" *"Qu tèn, tèn, qu reno, reno"*.

Et le peuple pressuré d'impôts ajoutait souvent *"Paure, renaras, paure, pagaras"* (Pauvre, tu grogneras, pauvre, tu payeras).

Ce qui rejoint la citation "Ils crient, donc ils paieront" attribuée à une reine de France face à une révolte populaire. Elle savait régner face aux *renaire* mais ça devait la faire *réner* elle aussi.

✧✧✧

RESQUILLEUR (Fr rég. et Nat.)
RESQUIHAIRE (Prov.) pron. : rèsquillayré

Pour tout le monde ce mot signifie, passer un contrôle sans payer. Ce mot vient du provençal *resquihaire* qui signifie patineur, glisseur et exprime très justement l'impossibilité de rester droit comme une quille sur un terrain glissant.

La vocation d'une quille est d'être debout, relevée, c'est-à-dire *quihado* en provençal. Or, un homme debout est comparable a une quille et s'il glisse il se peut plus bénéficier de cette comparaison, n'étant plus *quillé*. Il est donc *resquillé*.

Ce mot serait arrivé dans la langue française par la grâce d'une opérette de Meyerber où figurait un tableau de patinage.

Les Provençaux qui adoraient l'opérette au XIXe siècle venaient volontiers voir les *resquihaire*. Ces patineurs chantant avaient tant de succès qu'on refusait du monde. Ce fut au point que des petits malins eurent l'idée de se présenter au contrôle en se faisant passer pour des *resquihaire*, des patineurs. Et il arrivait qu'ils puissent entrer à l'œil, pour peu qu'ils portassent des patins sur l'épaule. Il s'agissait de patins à roulettes, ce sport fut pratiqué en Provence depuis Napoléon III, même dans des villages reculés ou le mot skating n'était pas connu, ni même le skate… mais on patinait déjà dans des salles aménagées.

On *resquihait* alors en payant son écot au tenancier de la salle qui faisait tourner son orgue de barbarie pour donner le rythme aux danseurs et patineurs. De nos jours, c'est la glisse, le surf, mais il s'agit toujours de *quiho* qui sont à la limite de l'équilibre comme les resquilleurs de grand-papa.

✧✧✧

RODEO (Fr Nat. et Américain) - ***RODE*** (Prov.) - Pronon. prov. : rodé.

Je jure sur mon premier poil de barbe que le mot rodéo est un mot d'origine provençale même s'il s'est américanisé avec les cow-boys.

Rodéo vient de *rota* en latin, la roue et le cercle. En provençal un *rode* est un endroit rond, une étendue circulaire. Ce serait même le cercle dont le rayon est égal à une journée de roulage de son centre.

Les pionniers américains du XIXe siècle dont beaucoup étaient d'origine latine par la langue installaient leur campement de chariots en formant un cercle à l'heure de l'étape nocturne. Ils faisaient un *rode*. Un lieu circulaire pour s'abriter des surprises nocturnes et indiennes avec le rempart des véhicules.

Cette technique fut retrouvée tout naturellement lorsqu'il devint nécessaire d'improviser des arènes pour les jeux sportifs avec les taureaux et chevaux sauvages. On faisait un cercle de charrettes et chariots, un *rode* au milieu duquel pouvaient se dresser les chevaux contraints par le barrage circulaire et le talent des dresseurs. Cela devint le rodéo des Américains qui améliorèrent l'improvisation initiale en construisant en dur des arènes spécialisées pour abriter leurs jeux du cirque.

Ce faisant, les cow-boys ne pensaient même pas renouer avec les traditions taurines latines venant elles-mêmes des traditions crétoises et phéniciennes et de toute la mythologie construite voici des milliers d'années autour des concours et courses hippiques ou tauromachiques. Et pourtant les champions texans de rodéo ne font que rééditer les exploits des athlètes grecs, romains et plus anciens qui mettaient en valeur leurs talents acrobatiques au sein d'une arène, d'un *rode*, ou comme les paons ils faisaient la roue sous les yeux des rôdeuses et rôdeurs c'est-à-dire de spectateurs qui faisaient cercle.

✧✧✧

ROUSTE (Fr. Rég.) - ***ROUSTO*** (Prov.)

Une *rouste* en français régional, c'est tout simplement une raclée, une rossée, une volée de coups. Mais c'est aussi une défaite : “On a pris une brave *rouste*... D'un poil on baisait Fanny...”

En bon français cela se traduit par : “Nous avons reçu une raclée en jouant aux boules, et il s'en est fallu de l'épaisseur d'un cheveu que nous ne fussions battus à plate couture...”

C'est un peu long et moins imagé que le français régional, mais c'est du bon français comme on dit.

L'origine du mot *rousto* est latine. Sa racine est la même que *routo* qui veut dire rompu, ruiné. *La Bastide routo* n'est pas forcément proche d'une route, mais cette bastide est sûrement en ruine. Elle est rompue, comme si elle avait reçu une *rousto*.

Prendre une *rousto* rappelle le supplice de la roue en honneur dans les siècles passés jusqu'à la révolution.

Ce supplice conduisant à la mort en public consistait à rompre les membres du criminel et à l'exposer ensuite sur une roue horizontale où il restait forcément immobilisé jusqu'à la mort.

On est ici assez éloigné de la *rousto* reçue à la pétanque ou à la belote mais on est proche de la locution *"sian rousti"* qui en provençal signifie "nous sommes rôtis" et qui se retrouve en français dans "nous sommes cuits" voulant dire "nous sommes perdus".

L'origine du mot *rousti* n'est pas la même que celle de *rousto*, mais des confusions sont possibles et j'ai déjà entendu "ils nous ont *rousti*" à la place de "on a pris une *rousto*".

Etre *rousti* signifie être grillé. Etre *rousta* veut dire être battu ou cassé. Quant aux *roustoun*, ils n'ont aucun rapport avec la *rousto*, même s'ils sont souvent cassés dans le langage populaire.

✧✧✧

(payer) **RUBIS SUR L'ONGLE** (Fr rég. et Nat.)
(paga) ***RUBI SUR L'OUNDO*** (Prov.) - Prononciation provençale : paga rubi sur l'ounde - "i" et "o" sont atones.

On peut se demander ce que vient faire le rubis, pierre précieuse sur l'ongle d'un bon payeur.

Cette locution vient semble-t-il du parler marseillais du siècle passé, il s'agit du provençal populaire, et la phrase originale était : *"Paga rùbi sur l'oundo"*, qui signifie "payer rubis sur l'onde" et pas sur l'ongle.

L'ongle a dû apparaître au cours de la francisation de la locution car il était cartésien qu'un rubis soit porté en bague au doigt. Et du doigt à l'ongle, le chemin est très court.

Quant au fameux rubis, il s'agit du mot provençal *rùbi* venu de l'italien *rubizzo* signifiant robuste.

Sur le port de Marseille, il y avait beaucoup de *rùbi*, c'est-à-dire des portefaix, plus ou moins gens peu recommandables, et mieux valait ne les payer qu'une fois les chargements effectués sur les bateaux.

Tous les commerçants ou voyageurs avaient grand soin, afin que le travail de portage soit bien fait, de ne payer les *rùbi* que sur l'onde, donc sur le bateau amarré au quai !

✧✧✧

SAMBUC (Fr. rég.) - ***SAMBU*** (Prov.)

Ce mot, *sambu* signifie coupe-gorge en provençal mais définit aussi le sureau. Le *grand Sambuc*, c'est le grand coupe-gorge ou dans les siècles passés on se faisait étriller, rosser, voler et bien souvent assassiner !

En latin, *sambuca* signifie machine de guerre destinée aux sièges dont on sait que les Romains faisaient leurs délices.

Par extension, cet instrument terrifiant est devenu synonyme de terreur. Il a dérivé vers la dénomination des coupe-gorges, défilés dangereux pour les hommes.

Les voyageurs n'empruntaient pas davantage volontiers la route du *grand Sambuc* près d'Aix-en-Provence que celle qui passait par le bois de Cuges.

L'expression "volé comme dans le bois de Cuges" est d'ailleurs restée en français courant. Le voleur était le célèbre Gaspard de Besse. Mais on dit davantage "volé comme dans un bois".

On ne dit plus *"se faire sambuca"*. La locution a disparu au fil des siècles au fur et à mesure que la sécurité gendarmesque s'implantait dans les zones à risque.

Dans les vallons du *grand Sambuc*, plus personne n'est égorgé, et on n'a plus besoin d'y donner sa bourse pour sauver sa vie.

Le *Sambuc* a retrouvé la douceur du *Sambu*. Autrement dit, le coupe-gorge a retrouvé la douceur du sureau.

✧✧✧

SANTON (Fr. rég.) - ***SANTOUN*** (Prov.)

Le santon français vient du provençal *santoun* qui vient de *santounet* signifiant petit saint, et n'a aucun rapport avec le *santi belli* d'origine italienne qui signifie beau saint et non petit saint.

Au fil des siècles, toutes les églises chrétiennes imitèrent la crèche inventée par saint François. Elle était dressée dans le chœur de l'église pour édifier les foules qui venaient découvrir comment un Dieu était né sur la paille. Mais seuls les personnages de base étaient présents, donc la Sainte Famille et les animaux. Les crèches de ce type se firent aussi dans les châteaux et palais mais jamais dans les maisons particulières jusqu'à la

Révolution. C'est la chasse aux catholiques qui provoqua l'installation des crèches à domicile pendant que les églises étaient fermées. En quittant l'église pour le coin de cheminée des maisons privées, les santons se firent minuscules pour mieux pouvoir être cachés en cas de perquisition. Ils étaient devenus des *santounet*, des *santoun*, en n'étant plus les grands et saints personnages des églises.

Depuis le début du XIXe siècle le petit peuple de la crèche s'est étoffé en gagnant des personnages selon les inventions des santonniers mais tous représentent des gens du peuple réunis autour du seul roi qui compte, l'enfant-Dieu symbolique qui apporte l'espoir et l'amour.

✧✧✧

SARTAN (Fr. Rég.) - ***SARTAN*** (Prov.)

Une *sartan* est une poêle à frire et ce mot d'origine latine se comprend tout autour de la Méditerranée.

Lorsque le mot *sartan* est utilisé, c'est toujours au féminin et souvent en changeant de sens. Vieille *sartan* par exemple ne peut s'appliquer qu'à une femme par confusion avec Satan. Cela signifie vieille sorcière, mais on devrait dire vieille *masco*.

Au demeurant, la *sartan*, la poêle à frire était toujours noire avant l'invention de la poêle qui n'attache jamais. Et sa couleur de suie et de feu de bois, plus son rapport avec le feu, la liait à l'imagination diabolique du petit peuple qui voyait le diable partout et souvent chez les vieilles femmes à la peau brune et tannée.

La *sartan castagniero* est une poêle percée de trous et sert à faire griller les châtaignes et marrons. C'est la seule poêle spécialisée. Les autres sont destinées aux fritures ou au fameux jeu de la *sartan* qui faisait la joie des badauds dans les fêtes votives. Pour ce jeu, une poêle bien noircie de suie état suspendue à une ficelle, et sur sa face noire une pièce de monnaie était collée à la glu.

Les concurrents devaient arracher la pièce avec les dents. Et même le plus blanc des visages devenait noir après ses tentatives, obligatoirement sans s'aider des mains. J'imagine que ce genre de concours ferait pousser des cris de nos jours.

Quant au proverbe *"aquéu que tèn la co de la sartan, la viro d'ounte vòu"* (celui qui tient la queue de la poêle la fait tourner où il veut), il signifie comme en français qu'il vaut mieux être du côté du manche que du côté de la cognée et que charbonnier est maître chez lui.

✧✧✧

SETI (Fr. Rég.) - **SÈTI** (Prov.)

En Provence, le *sèti* est le siège en général la chaise par exemple, et ce mot reste très courant dans le français régional.

Un *sèti* est en réalité n'importe quoi, pourvu qu'on puisse s'asseoir dessus !

C'est aussi un lieu, comme la ville de Sète, ou encore le siège d'une institution, comme le Parlement d'Aix :

lou sèti de z'Ais.

L'action de s'asseoir est donnée par le verbe *asseta* : *Té vé, asseto-té pèr te pausa li cambo* (Tiens,vois, assieds-toi pour te reposer les jambes). Le verbe est d'origine latine et dans toutes les langues du Sud issues du latin a une connotation de stabilité.

On retrouve cela dans le français avec la fameuse assiette du cavalier qui n'est pas celle où se mange la soupe.

Là aussi il s'agit de stabilité, d'assise comme pour l'assiette de table qui, si elle n'était *bèn assetado*, bien assise, se renverserait bêtement.

Le *sèti* a donné le siège français, et par connotation a défini le postérieur qui sert précisément à s'asseoir dans un bain de siège ou pour siéger tout simplement.

Tous les mots français autour du siège, comme assiéger (privation du siège, c'est-à-dire du lieu du pouvoir) dérivent de la même racine latine et tous les mots français autour de l'assiette-vaisselle sont également du bon vieux provençal gallo-romain. Une assiette sur une table marque la place où l'on doit s'asseoir, *s'assetta davans la sieto.*

Le *sèti* provençal est le *sedes* latin. Un *sèti de majesta* est un trône. Dans certaines villes, comme Aix-en-Provence, une église se nomme Notre-Dame de la *Seds.* Ce n'est pas notre dame du postérieur, mais notre dame du siège c'est-à-dire du siège épiscopal !

Là où l'évêque se sentait bien dans son assiette...

✧✧✧✧✧✧✧✧✧✧✧✧✧✧✧✧✧✧✧✧✧✧✧✧✧✧✧✧✧✧

T... comme : Tafanari – Tanquer – Taper – Tavan – Tenir la chandelle – Tire-Larigot – Toupin – Tramontane – (avoir les) Trois sueurs – Tronche – Tron de l'air

U... comme : Uba

V... comme : Viole – Vote

Z... comme : Zóu

TAFANARI (Fr Rég…) - ***TAFANARI*** (Prov.)

Ce mot se discute, certes, mais indiscutablement vient de loin. Des Grecs, des Italiens, Espagnols et autres Méditerranéens. Le mot *tafanàri*, à proprement parler évoque un fessier monumental.

Tellement même qu'on a construit la locution *"Un tafanàri coumo la porto de z'Ais"*, en référence à l'arc de triomphe du second Empire qui marque l'entrée nord de Marseille : la porte d'Aix.

Fallait-il donc que le *tafanàri* en question soit robuste, fessu, gaillard et impressionnant !

En général le *tafanàri* concerne un fessier féminin qui, du temps de sa jeunesse devait être tout à fait ordinaire, peut-être même mignon, charmant et désirable. Les années de friture et autres nourritures roboratives ont chargé la malle arrière de sa personne jusqu'à ce que le *tafanàri* s'impose de lui-même comme la partie la plus volumineuse du corps du délit.

Un de mes amis qui avait un penchant pour la main promeneuse appréciait l'arrondi d'un *tafanàri* conséquent qu'il explorait d'une paume de géologue jusqu'au jour où la dame s'est fâchée en serrant les fesses, lui fracturant le poignet. Comme quoi il n'y a pas qu'au marché de Brive-la-Gaillarde, selon Brassens, que les *tafanàri* peuvent être dangereux comme des étaux !

Philosophe, mon ami disait : "Avec ce *tafanàri*, j'ai fait un *àrri*. C'est-à-dire qu'il avait fait une erreur, un *àrri*, comme on dit au jeu de boules lorsqu'on est trop loin du cochonnet.

Tant pis pour lui, au lieu de pointer, il n'avait qu'à tirer sans discuter le bout de gras avec ce *tafanàri* vindicatif !

✧✧✧

TANQUER (Fr. Rég.) - ***TANCA*** (Prov.)

Le verbe tanquer est tiré du provençal *tanca* et garde le sens de planter, ficher, enfoncer et bloquer. Il est passé au français populaire sous sa traduction "Je l'ai tanqué là. (*L'ai tanca aqui*). Il a évolué en "Je me suis planté" pour j'ai commis une erreur alors que le même verbe *"se tanca"* en provençal, signifie se planter au sens d'attendre de pied ferme, un ennemi, un choc ou toute chose à laquelle il faut résister. *Tanca uno rodo* (caler une roue) – *tanco-lou !* (Arrête-le !) – *Porto barrado tanco lou mistrau* (Porte fermée arrête le mistral).

Une tancado est une pause, un séjour. *Uno tancado au bistrot pèr sibla de cibèco.* (Une longue pause au bistrot pour "siffler" du pastis).

Un *tanco* est un pieu, un piquet planté pour arrêter.

Une *barragno de tanco*. (Une haie de piquets). L'idée de fermeture est bien présente comme dans *dreissa de tanco*, élever des obstacles.

Quant au *tancaire*, c'est celui qui plante, qui enfonce.

On peut donc *tanquer* un piquet, un arbre, un couteau et même les dents. *Li ai tanca li dènt dins lou gras dou bras*. (Je lui ai planté les dents dans le gras du bras).

On peut donc aussi fermer en tanquant. *Tanca la porto* (fermer la porte). *Tanca la bouco* (Fermer la bouche).

Tanca quaucun, faire taire quelqu'un avec une réponse définitive.

Il est donc évident que le verbe *tanca*, avec son double sens de planter et de fermer ne pouvait éviter d'en avoir un troisième quelque peu coquinet et donc *pistachié*.

Car un *tancaire* est un planteur et pas seulement de piquets !

Un *tanca* est celui qui est planté, et *uno tancado*, celle qui est dans la même situation d'où les expressions argotiques françaises qui ont leur équivalent provençal. Il m'a tanqué, soit "il m'a eu", avec le sens "d'il me l'a mis". Mais *se planta* n'a aucun rapport avec l'auto-sodomisation…

✧✧✧

TAPER (Fr. Rég.) - ***TAPA*** (Prov.)

Le verbe taper, *tapa* en provençal, est très précis. Il signifie boucher, couvrir avec le sens d'hermétiquement. Un *tap* est un bouchon.

Or donc, si "on s'en tape", cela ne veut pas dire comme on le croit habituellement "je m'en moque". Cela signifie plus sûrement, je reste muet. Je me ferme, je me bouche et plus précisément les oreilles. On devrait donc dire je m'en tape les oreilles.

C'est tellement vrai qu'en argot provençal *"se tapa uno filho"* est devenue une locution courante en langage populaire mais on devrait dire "taper une fille" c'est-à-dire la couvrir, la boucher, la clore. Autant de sens similaires sous-entendant que le coït doit clore hermétiquement le récipient si je puis m'exprimer ainsi.

A l'époque où le sexe féminin était qualifié de source de tous les péchés, on le définissait en provençal par le mot *pecat*, c'est-à-dire péché. Le péché, *lou pecat*, c'était l'*enfourcaduro* l'enfourchement des dames, voire *lou cougnet*, le petit coin formé par les cuisses dans leur angle haut.

Et à cette époque, pour rester dans une belle identité de vues et de dénomination, les Provençaux avaient nommé leur sexe, *lou tapo-pecat*, c'est-à-dire le bouche péché.

On disait parfois *lou tapo-cougnet*, le bouche-coin et cela surprend toujours de s'en faire boucher un coin. On en reste muet la plupart du temps, sans penser qu'il est logique qu'on ne puisse plus bader, puisque le bouchon est dans la bouche et que lorsqu'on a la bouche bouchée il reste très difficile de bader.

✧✧✧

TAVAN (Fr. Rég.) - ***TAVAN*** (Prov.)

Un *tavan* est une mouche de cheval. Ce qui est de plus en plus rare avec la disparition des équidés dans les campagnes. Il faut savoir reconnaître, même sans réminiscences écologiques, que les tracteurs n'attirent pas les *tavan*. Les Français nomment cette mouche un taon. Mais on se méfie des *tavans* qui sont gros et piqueurs !

On trouve le mot *tavan*, venant du latin *tabanus*, dans

toutes les langues autour de l'ouest méditerranéen : catalan, italien, espagnol et provençal évidemment.

Ces grosses mouches apparaissent aux premières chaleurs et le proverbe *"San Jan fai sourtit li tavan"* (Saint-Jean fait sortir les *tavan*) le confirme clairement.

Sur le mot *tavan* les Provençaux ont formé *tavaneja* (bourdonner en tournoyant, agacer, déranger) et un *tavanejaire* est un importun ! On dit aussi *tavanas* pour gros taon, ou *tavanoun* pour petit taon.

Mais très péjorativement on dit *tavano* pour une femme ou grosse *filhasso* dérangeante et un peu bête, et *tavanas* pour un garçon ou un homme niais et *couionas*.

Parmi les locutions on retiendra *"fouita de tavan a dous liard lou milo"*. (Fouetter des *tavan* en étant payé deux sous le millier) à propos d'un travail enquiquinant ou d'un amusement à des vétilles.

C'est l'équivalent de *"ferra li pauto de cigalo"* (ferrer les pattes de cigales). Travail difficile s'il en est, même pour un maréchal ferrant expérimenté.

Plus prosaïquement on dit encore *"vai cassa de tavan"* (vas chasser des *tavan*), équivalent de *"vai pinta de gàbi"* (Va te faire foutre).

Pour un individu un peu toqué on dira aussi *"a un tavan dins la testo"* il a un *tavan* dans la tête.

Quant au fameux *tavan merdassié*, c'est celui qui choisit l'*estroun* comme fast-food.

✧✧✧

TENIR LA CHANDELLE (Fr. Rég.et Nat.)
TENI LA CANDELO (Prov.)

Ah ! Cette fameuse chandelle que tenaient les entremetteuses pendant que les amants en rendez-vous secret se faisaient des câlineries. Celui ou celle qui tient la chandelle a un rôle passif et un peu ridicule selon l'acception moderne de cette locution.

Mais en Provence, *teni la candelo* offre un rôle beaucoup plus actif, car c'est *lou candelié*, le chandelier qui tient la *candel*o et dans ce cas, *lou candelié* est le sexe féminin, aussi vrai que je vous le dis.

Un *felibre* qui s'y connaissait car ils étaient tous assez portés sur le sexe, disait dans un billet d'adieu à son amante : "*Adiéu ma bello, lou candelié de ma candelo*" ("Adieu ma belle, toi, le chandelier de ma chandelle"). Le message ne doit pas avoir besoin d'être décodé...

Bien avant qu'on "baise Fanny" dans les jeux de boules (Fanny qui est une invention des joueurs de quilles de l'Arctique), on faisait la même chose en Provence quand on avait perdu au jeu. Mais c'était de jeux de cartes libertins dont il s'agissait. Car dans ce cas seulement il y avait quelques délices à perdre, puisqu'on allait *"beisa lou cuou dóu candelié"*.

Et tout le monde applaudissait, y compris le propriétaire de la chandelle qui allait retrouver un chandelier bien astiqué.

✧✧✧

TIRE-LARIGOT (Franc. Rég. et Nat.)
TIRA L'ARIGOT (Prov.)

Cette locution, très francisée, est d'origine provençale incontestable avec ce mystérieux larigot qui est toujours tiré.

En français, un larigot est une flûte ancienne. C'est aussi un tuyau d'orgue au son aigu.

Mais à l'origine un *arigot*, est une sorte de fifre en Provence. Cet *arigot* était voici dix siècles un chalumeau. C'est-à-dire une paille pour aspirer un liquide et on disait l'*arigot*.

Mais d'où venait ce nom bizarre ? Du latin évidemment car les hommes de César mangeaient des bouillies d'*alica*. L'*alica* est une sorte de blé des Gaulois. C'est la paille de ce blé qui est devenue le chalumeau pour boire. Et c'est pour cela qu'on tire sur l'*alica* devenu l'*aligot*, puis l'*arigot* et le chalumeau, pour boire.

D'où la locution bien souvent utilisée "boire à tire l'aligot" c'est-à-dire jusqu'à plus soif mais avec une paille.

Bien entendu le sens s'est déplacé et on peut faire beaucoup de choses à tire-larigot y compris, manger, rire. Cette locution a pris le sens très large de "consommation abondante".

Les Provençaux ont même formé des verbes et des mots à partir d'*arigot*. Ne serait-ce que le mot *rigole* : petit ruisselet comme celui qui coule d'un chalumeau. Ils ont aussi créé le verbe *arrigoula*, signifiant boire jusqu'à être saoul ou faire quelque chose avec excès. Et notre verbe français populaire "rigoler" n'a pas d'autre origine que l'*arigot* des Provençaux et leur facilité à rire volontiers ! Quand je pense que mon petit Larousse dit que le mot larigot est d'origine obscure.

Té vé, j'en rigole à tire larigot !

✧✧✧

TOUPIN (Fr. Rég.) - ***TOUPIN*** (Prov.)

A proprement parler, un *toupin* est un pot de terre muni d'une poignée unique, comme une casserole ou un poêlon. Il peut être de diverses dimensions mais en aucun cas ne doit dépasser un poids raisonnable une fois plein, de façon à pouvoir être soulevé d'une seule main.

La *toupino*, féminin du plat précédent, est aussi en terre, mais offre deux poignées, dites encore oreilles. Elle est généralement plus volumineuse qu'un *toupin* et se soulève obligatoirement à deux mains.

Ces plats de terre, pour une cuisine de mitonnage, étaient d'une rusticité pleine de risques, car ils étaient fragiles mais avaient l'avantage de permettre une cuisine parfaitement au point.

Ce sont ces plats qui ont donné bon nombre d'expressions péjoratives utilisant d'ailleurs davantage le masculin que le féminin.

On dit *"sourd coum'un toupin"*, équivalent de "sourd comme un pot", mais on devrait dire *sourd coum'uno toupino*, car c'est la *toupino* qui a des oreilles. Et si elles sont cassées, elle devient sourde (inutile).

On dit *“geinant cou'um toupin”*, encombrant comme un *toupin* parce que celui-ci est toujours mal placé semble-t-il sur une paillasse de cuisine et qu'étant haut, il est souvent accroché et donc cassé pendant les opérations culinaires.

Quant à l'expression *“peri pèr la co coumo li toupin”* (périr par la queue comme les toupins) elle signifie qu'un *toupin* dont la poignée (donc la queue) est cassée, ne peut plus être utilisé en cuisine puisque c'est la poignée (la queue) qui lui donne son utilité.

Evidemment, l'expression est intégralement appliquée, au figuré, pour tous les hommes ayant abusé de leur poignée et qui ont donc cassé leur jouet préféré. Ils sont devenus morts pour les *toupino*, si j'ose dire.

✧✧✧

TRAMONTANE (Fr. Rég.) - ***TREMOUNTANO*** (Prov.)

Brassens chantait : “J'ai perdu la tramontane en trouvant Margot, princesse vêtue de laine, déesse en sabots [...] ”

Mais *qu'es acò la tremoutano* ?

On dit communément que c'est un vent... mais je n'imagine pas Brassens, homme sachant se retenir, laissant filer un vent en trouvant une demoiselle à son goût.

Non, Brassens n'a pas perdu le vent de la *tramountane*. En fait il a perdu le nord. Il a perdu le bon sens. Il s'est affolé, comme la boussole qui perd le nord. Et en trouvant Margot, Brassens a perdu la tête.

“Perdre la tramontane” c’est donc perdre la tête.

Ce mot très anciennement utilisé dans la navigation méditerranéenne signifiait qu’on avait perdu la direction du nord, et il est entré dans la locution *“batre la tremoutano”* signifiant perdre la tête.

Les marins détestaient perdre le nord, leur référence polaire pour se diriger, et ce sont eux qui ont attaché l’aspect négatif à la locution car le vent du nord, la *tremountano* n’est pas en cause. Mais si on perd le nord, il est beaucoup plus difficile de s’orienter.

En latin *trasmountana* signifie, comme dans toutes les langues de la Méditerranée européenne : d’au-delà des montagnes. C’est le vent qui vient de la terre située au nord, que ce soit dans le golfe du Lion, en Grèce ou en Espagne.

Les ouvriers agricoles citaient souvent le proverbe *“Quand lou tèms viro à la tremountano, plòu tres jour… bono semano”*.

C’est-à-dire que la semaine ne sera pas fatiguante donc bonne dans les champs avec les trois jours pluvieux annoncés par la tramontane. Mais, voici un siècle, trois jours de travail comptaient bien dans les quarante-cinq heures, sans heures supplémentaires !

✧✧✧

(AVOIR) LES TROIS SUEURS (Fr. Rég.)
(AGUE) LI TRES SUSOUR (Prov.)- Pron. prov. : suzour.

Ce mot est peu utilisé en français régional, sinon sous forme de locution…

"Me fas susa" (Tu me fais suer). Locution jaculatoire pour faire savoir que l'interlocuteur "gonfle un peu". Qu'il fait suer. Qu'il est fatiguant. Qu'il ennuie. Ou même qu'il donne les boules, comme on dit de nos jours.

En provençal on dirait plutôt *"Farié susa de lamo de coutèu"* soit "Il ferait suer des lames de couteau" (sous entendu, tellement il est pénible).

Ce verbe provençal vient du latin *sudare* qui nous a donné en français sudation et en prime une belle expression surtout utilisée à Marseille : "Oh fan, ce *roumpi basso*, il m'a fait venir les trois sueurs."

Le *roumpi-basso* en question, le casse-pied devait l'être vraiment pour provoquer trois sueurs à l'interlocuteur.

Et il reste évident qu'un Français peut se demander si un provençal transpire en trois étapes. D'où viennent ces fameuses trois sueurs qu'on peut subir soit par peur, soit par énervement, soit par chaleur.

Il ne s'agit que de transpiration et le tiercé des trois sueurs en ordre ou en désordre vient directement du provençal *tressusa* qui veut dire transpirer de peur et d'angoisse ; c'est la *tressusour*, la sueur froide comme on dit. Etre en transes d'agonie, à l'article de la mort, être victime d'une peur. *"Aco fa tressusa"*. *"Aco douno la tressusour"*.

C'est en fait ce que les lettrés appellent la transsudation à savoir une sueur qui est tellement abondante qu'elle paraît venir plus évidemment de l'intérieur du corps alors qu'une sueur ordinaire ne vient que de la peau.

✧✧✧

TRONCHE (Fr. Rég.) - ***TROUNCHO*** (Prov.)

Ce mot de français populaire est employé en toutes occasions. "J'ai mal à la tronche / il ne faut pas se casser la tronche / C'est une grosse tronche.

Le mot tronche est compris partout puisqu'il remplace le mot tête. Mais d'où vient-il donc ?

Ce n'est pas exactement du provençal à l'origine, quoique les Provençaux l'aient naturalisé depuis longtemps.

Ce mot est d'origine espagnole et signifie quenouille. Il est tiré du mot tige qui se dit *trouncho* en espagnol.

Mais cette naturalisation fut d'autant plus facile qu'en Provence existait le verbe *trouncha* qui signifie, frapper de la tête.

Il est notamment employé à propos des béliers qui se frappent la tête mutuellement en essayant leurs forces.

Trouncha s'est francisé en troncher. Mais de nos jours quand on tronche, on ne frappe pas spécialement de la tête, d'autant plus évidemment qu'on n'est pas un agneau.

Il y a donc beaucoup d'ambiguïté dans ce mot très populaire, mais il est assez facile de faire la liaison entre la quenouille espagnole la *trouncho* et l'art de troncher, c'est-à-dire de frapper avec la tête d'autant plus que le mot tronc français, vient du provençal *trounc* qui signifie tronc d'arbre, n'importe quel tronc d'arbre, et pas forcément celui du chêne.

Je le précise parce que je connais des lecteurs futés qui sont en train de penser que le *trounc* est voisin du verbe *troncher* et que le chêne n'est jamais loin du gland !

✧✧✧

TRON DE L'AIR (Fr. Rég.) - ***TROUN DE L'ER*** (Prov.)

Cette locution est utilisée comme juron. *Lou troun* qui est généralement précisé comme étant de l'*èr*. *"Troun de l'er"* et cette locution signifie tonnerre de l'air !

On dit de l'air pour ne pas blasphémer car à l'origine, il s'agit du tonnerre de Dieu. *Troun de Diéu*, parfois transformé en *Troun de pas diéu, troun de sort, troun de goi*.

En un mot comme en mille, le *troun* provençal, c'est le tonnerre et la foudre. C'est la punition qui vient du ciel. C'est la colère de Dieu, celle de Jupiter, de Zeus, de Taranis. Ce Taranis étant le Dieu de la foudre chez les Gaulois, et sa racine est tiré du *troun* provençal qui vient du *tonum* latin.

De nos jours, on connaît le processus de la foudre et du tonnerre, et cela n'a plus rien de mystérieux pour les hommes, mais la locution *troun de l'èr* est bien ancrée dans le français régional.

En général, on l'emploie pour définir un homme impétueux, un enfant infatigable, un brûleur de chandelle par les deux bouts. Un *troun de l'èr* est l'opposé d'un *planplanet*.

Autant l'un est intrépide et brise fer, autant l'autre est timoré. *Quand fai de troun*, quand il fait des tonnerres, un planplanet se met vite à l'abri. Il a peur que *lou troun lou cure*. Que le tonnerre le tue (littéralement : que le tonnerre le vide). Et si le *planplanet* va vite, s'il va *coum'un troun*. Il file comme l'éclair.

Il faut donc se souvenir qu'être traité de *troun de l'èr* est toujours flatteur ne serait-ce que parce que la racine de *troun* a donné trône par assimilation avec la royauté de Jupiter, maître du tonnerre.

En revanche si on dit de vous *"sias secrèt coume un troun" (*vous êtes discret comme le tonnerre) là ce n'est pas un compliment.

✧✧✧

UBA (Fr Rég.) - ***UBA*** (Prov.)

En français régional l'expression *"Li gènt de l'uba"* signifie toujours "les gens du Nord". Mais aussi bien le nord immédiat que l'Arctique. L'*uba* provençal est le nord. Le côté nord d'une montagne, celui qui est froid et à l'ombre.

L'*uba* est toujours le versant septentrional de la montagne et son opposé est l'*adré*, celui qui est exposé au *miejour*, au midi.

Ce mot provençal vient du latin *opacum* transformé ensuite en *ubacum* et reste la racine d'opaque. Le lieu opaque, sombre, où la vue n'est pas claire.

Uba et *adré* sont passés dans la langue française en ubac et adret, mais si les Provençaux se rendent parfois *dins l'uba*, les gens du Nord ne se rendent jamais *dins l'adré*... Ils "descendent dans le Midi".

Et cette "descente", qui a un relent péjoratif (on descend toujours vers l'inférieur) me gêne aux entournures.

C'est pourquoi depuis une trentaine d'années, j'ai décidé de "descendre à Paris", même si sur la carte de France... ça monte !

✧✧✧

VIOLE (Fr. Rég.) - ***VIOLO*** (Prov.)

Le mot *violo* qui vient du provençal le plus mistralien, définit un instrument de musique à sept cordes dont on joue avec un archet. Sa racine latine est *vidulum*, signifiant coffre, et nous a donné violon, violoncelle entre autres.

Le *zounzoun* de l'instrument musical, le crin-crin dit-on dans le Nord, a été assimilé aux gémissements, aux plaintes.

Et par suite quelqu'un qui geint et se plaint sans cesse est considéré comme une *violo :* "Celle-là c'est une vraie viole" s'entend toujours dans les conversations provençales.

On notera aussi un glissement plus moderne qui

affuble du sobriquet *"viole"* n'importe quel casse-pieds dont la conversation est comme on dit populairement, particulièrement gonflante !

De la *violo* à la vielle à roue, le cheminement du langage nous a donné violoneux, vielleur, en français, mais en provençal quelques prudences sont à prendre car le verbe *vioula* signifie à la fois jouer de la *violo* et faire subir les derniers outrages. C'est à un accent près : *vioula* : violer !

Un *vioulaire* est aussi un violeur, mais peut être un musicien… joueur de *violo* ! Toujours à un accent près ! *vioula* : vieller !

Et on peut se demander si, selon le poète, la femme est un violon qu'un archet fait chanter ou si elle est une *violo* à qui on demande de se taire. Le débat ne sera jamais clos sauf si on compare les formes du coffre du violon ou du violoncelle avec celles d'une dame dont les cordes sensibles savent vibrer sous l'archet du monsieur.

Les *felibre*, dont Castil-Blaze, ne s'y sont pas trompés. Ils ont su fort à propos évoquer le mouvement de l'archet *"l'arquet delicat e long, qu'avanço e reculo.* (L'archet délicat et long, qui avance et recule) !

Cet archet qui fait vibrer l'instrument ou la dame !

✧✧✧

VOTE (Fr. Rég.) - ***VOTO*** (Prov.)

La *voto* avait un sens très fort voici seulement cinquante ans. Elle était la fête patronale, de village, de quartier ou de ville.

De nos jours, ayant généralement perdu son caractère religieux, elle n'est plus guère qu'un prétexte, sauf en certains lieux très fidèles à leurs racines provençales.

Car le mot fête votive vient directement du provençal et du latin *votum*.

Le *votum* latin est un vœu, un souhait, un désir, et davantage encore avec devoir, dévoué, vocation, dévotion, dévot.

Du temps où les paroisses faisaient fonction de lieu de vie religieuse et civile, chaque communauté se vouait à un patron, généralement un saint. Celui-ci devenait le patron votif, auquel donc on s'était voué en estimant qu'il serait un bon intercesseur entre les hommes et la puissance divine.

La fête annuelle du saint patron de la paroisse devenait la *majo-festo*, la fête majeure, donc principale, et se marquait généralement par une grande cérémonie religieuse, suivie de distractions plus profanes, banquets, bal, concours divers, courses et beuveries parfois. C'était la *voto* axée sur le jour exact dévolu au saint patron de la paroisse, même au milieu de la semaine. Et souvent cette date servait de repère dans les calendriers des activités. Tel chantier serait fini avant la *voto*, ou ne débuterait qu'après la fête.

Point n'était besoin de préciser de quelle fête il s'agissait. La voto était référence. *Li femo se fasien bello per la voto e lis ome tant bèn.* (On s'habillait de neuf pour la fête votive).

Et c'était parfois ce jour-là qu'on votait. Qu'on élisait des politiques qui allaient servir la communauté au lieu de s'en servir.

Pèr la voto, fasien vot de se desvoua pèr voucacioun. Pour la fête votive, ils faisaient vœu de se dévouer par vocation ! C'est presque devenu une légende.

✧✧✧

ZOU (Fr. Rég.) - ***ZÓU*** (Prov.)

L'interjection *"Zóu"* est un cri d'excitation, d'encouragement. En gros elle signifie courage, allons-y, "allez zou" dit-on en français régional.

Son origine est peut-être l'idée "d'en avant" mais sans faiblir. *"Zóu, zóu, boulegan"* (Allez, allez, bougeons-nous).

En fait, il semble que *zóu* vient du latin *sus* (sur), *sursum* (haut).

On donnera comme exemple *sursum corda* (hauts les cœurs), et courir sus à lui (le poursuivre avec des intentions hostiles).

Certains pensent au verbe *zouba*, qui signifie frapper. On dit *zoubo* pour frappe et l'*an zouba* pour on l'a frappé.

Le sens de l'interjection est très clair avec l'idée de mouvement en avant excitant vers un but.

Mais le sens moderne est affadi. *"Anen, zóu, se mandan uno telefounado"* (Allons, *zóu*, on se téléphone) est assez gentil comme, en autre exemple, *"Zóu, leve-te d'aqui"* (*zóu*, enlèves-toi de là).

✧✧✧✧✧✧✧✧✧✧✧✧✧✧✧✧✧✧✧✧✧✧✧✧✧✧

ELEMENTS DE PRONONCIATION

Nous devons au Centre de Documentation Provençale "Parlarèn" de Bollène une aide substantielle pour le présent ouvrage et nous le remercions d'autant plus volontiers, que son directeur Jean-Marc Courbet, nous a autorisé à publier ci-après quelques éléments d'information aidant à la prononciation en deux leçons élémentaires.

1èro LEIÇOUN

Prounounciacioun : Li letro

"e" se prononce toujours "é", jamais "eu"
"o" se prononce toujours "o", en tirant sur le "a", en particulier à Bollène
"u" se prononce toujours "u" ou bien "eu", jamais "ou" !
"g" est dur : "gue", devant a, o, u. Il se prononce "dj" devant "e" et "i"
"ch" se prononce toujours "ts"

Le "e" et le "o" sont atones en fin de mot sauf s'ils portent un accent

On accentue généralement l'avant-dernière syllabe des mots.

Atones : palo = pelle ; ome = homme ; femo = femme ; fege = foie ; vilo = ville
Accentuées : esté = truc ; acò = ça ; fiò = feu ; mestié =

métier ; fotò = photo

Les mots se terminant par “a”, “i”, “u”, sont accentués sur la dernière syllabe sauf si l’avant-dernière porte un accent
canta = chanter ; basti = bâtir ; bourassu = crépu
nèsci = sot ; gàrri = rat ; grùpi = crêche

Les finales se terminant par des consonnes sont toujours accentuées, mais on ne prononce pas le “t” ou le “n” finals.
cansoun = chanson ; paret = mur ; poudet = serpette ; riban = ruban

Par contre on accentue généralement le “s” ou le “r” finals.
calour = chaleur ; calos = trognon ; coulas = collier ; doulour = douleur

2ndo LEIÇOUN

Prounounciacioun : Li group de voucalo
“ou” sans accent se prononce toujours “ou”

Diphtongues :
Accentuation sur la première voyelle
ai : “ail” : lou travai - lou papagai - lou gavai
au : “aou” : la taulo - la raubo - lou rigau
ei : “èil” : la feissello - beileja
èi : “èil” : lou desvèi - lou bebèi - lou pèis
éu : “éou” : lou téule - lou riéu - béu !
èu : “èou” : lou batèu - bèu - lou mèu - lou martèu - lèu
oi : “oï” : lou goi - ninoi
ou : “ouou” : dóu - móuse
ou : “oou” : li sòu - lou dòu - la pòu

oui : “ouï” : la bouito - lou mouissau

Accentuation sur la seconde voyelle

ia : la piado - lou liame
ie : vierge - à miejo
ié : l’abeié - lou sarraié
iè : fièr - aièr
io : la miolo - la taiolo
iò : lou fiò - lou liò

Triphtongues :

Accentuation sur les 2 dernières lettres

iai : “iail” : lou biais - un niais
iau : “iaou” : lou materiau - lou biau
ièi : “ièil’” : pièi - vièi
iéu : “iéou” : iéu - l’estiéu - piéuta
iou : “iouou” : vióulènt - vióulet - Pióulenc
iou : “ioou” : un biòu - un iòu
ue : “ieu” : lis iue - lou pue - la nue

uei : “uèi” : vuei - ieui - encuei

La collection Temps contés

Ça s'est passé à Marseille, (tomes 1, 2, 3 et 4) de Jean Contrucci
Ça s'est passé en Provence, (tomes 1 et 2) de Jean-Claude Rey
Ça s'est passé en Corse, (tomes 1, 2, 3 et 4) de Paul Silvani
Ça s'est passé à Toulon et en Pays Varois, (tomes 1 et 2) de Gabriel Jauffret, Tony Marmottans et Jean Rambaud
Contes et légendes d'Armor, de Pierre-Yves Proust
Eloge de la rupture, de Gérard Abrial-Abramovitz
La chasse une passion, de Jean-Claude Romand
Le livre de la cigale, de Jean-Claude Rey
Le randonneur des Cévennes, de Guy Toubon
L'humour libre en Luberon, de Jean-Claude Rey
Le noble jeu provençal, d'Yvan Audouard
Les mots de chez nous, de Jean-Claude Rey
Zidore Angélus, berger et mage de Provence, de Maurice Chevaly

Parutions 1er semestre 1997

Temps romanesque
L'otage des loups, de Serge Bec

Temps gourmands
Santé, beauté, minceur avec la cuisine à la vapeur, de Frédéric Bello et Jean-Marc Gravelat
La cuisine égyptienne des Pharaons à nos jours, de Salima Aït Mohamed

Temps jeunesse
Bouc-Bel-Air, une ville racontée aux enfants, texte de Jean-Louis Piétri, illutrations de Sabine Nourrit

Temps mémoire
Catherine Rouvel, d'Alain Desvignes
Deux siècles d'une entreprise citoyenne, la mémoire de l'épargne au service des hommes, (Collectif)
Vivre dans le pays toulonnais au XVIIe siècle, textes provençaux de Pierre Chabert, présentés par Philippe Blanchet et Roger Gensollen (édition bilingue)

Temps poétique
Le voyage immobile, de Jean-Daniel Pourre
Guitares d'hiver, de Geo Catoni, dessins de Pierre Ambrogiani

Poésie en poche
Coquelicots pour Abidine, de Patrick Pérez-Sécheret, dessins de Abidine Dino
Je d'arbres, de Gérard Blua, eaux-fortes de Jean-Jacques Sarazin
Murs, de Jacques Lovichi, graphismes de Charly Curinier
Questions de climat, de Jean-Max Tixier, graphismes de Catherine Denizet

Achevé d'imprimer en mai 2001
sur les presses de

HORIZON
GROUPE

200, avenue de Coulin
13420 Gémenos
pour le compte
des éditions Autres Temps
97, avenue de la Gouffonne
13009 Marseille

Dépôt légal : mai 1997

ISBN : 2-911873-12-2
ISSN : 1150-1405